本专著获得百色学院硕士学位授予单位立项建设经费
出版资助（DC1900000196）

社会资本对上市公司的经济影响研究

陈德怀/著

中国商务出版社
CHINA COMMERCE AND TRADE PRESS

图书在版编目(CIP)数据

社会资本对上市公司的经济影响研究/陈德怀著
. --北京:中国商务出版社,2020.8
　ISBN 978-7-5103-3442-9

　Ⅰ.①社…　Ⅱ.①陈…　Ⅲ.①社会资本－影响－上市
公司－资本结构－调整－研究－中国　Ⅳ.①F279.246

　中国版本图书馆CIP数据核字(2020)第125925号

社会资本对上市公司的经济影响研究

SHEHUI ZIBEN DUI SHANGSHI GONGSI DE JINGJI YINGXIANG YANJIU

陈德怀　著

出　　　版:中国商务出版社有限公司
地　　　址:北京市东城区安定门外大街东后巷28号　　邮　　编:100710
责任部门:职业教育事业部(010-64218072　295402859@qq.com)
责任编辑:周　青

总 发 行:中国商务出版社发行部(010-64208388　64515150)
网　　　址:http://www.cctpress.com
邮　　　箱:octp@cctpress.com

排　　　版:北京亚吉飞数码科技有限公司
印　　　刷:北京亚吉飞数码科技有限公司
开　　　本:787毫米×1092毫米　1/16
印　　　张:10　　　　　　　　字　　数:179千字
版　　　次:2021年1月第1版　　印　　次:2021年1月第1次印刷
书　　　号:ISBN 978-7-5103-3442-9
定　　　价:65.00元

前　　言

经济学研究的核心内容是稀缺资源的优化组合和合理运用,提高整体社会经济、社会生态和环境的效率。社会资本外部效应的"社会关联"关系在我国现阶段是一个特别重要而敏感的话题,事实上,在市场经济繁荣的西方国家,社会关联在企业的经济活动中也应发挥着重要作用。可以认为社会关联是一种全球性的普遍现象。

对社会关联文献研究发现,存在三种观点:①社会关联提高企业价值;②社会关联损毁企业价值;③具有双向影响。

分析社会资本对上市企业的经济影响,不但可以为国家制定宏观经济政策、为企业微观经营管理及投资规划提供一定的理论基础,也可以为社会投资者进行股票投资提供信息参考,具有理论价值和现实意义。

本书研究搜集了 2003—2012 年期间沪深股市上市公司的数据:主要包括公司高管的社会背景,是否是人大代表、政协委员、民主党派,是否曾有过政府部门经历;政府部门的工作人员到企业实地的调查研究,彼此互相建立起来的社会资本网络产生的各种关联关系。通过分行业和地区进行对比分析研究,选取适当的解释变量和被解释变量并构建有效模型,不但对此进行描述性统计,而且采用经典的两阶段处理效应模型进行实证分析,研究社会资本对上市公司行为和事件的经济影响。

研究结论是,企业取得社会资本获得政府补助和税收负担减轻,提高了企业的绩效;企业取得社会资本产生过度投资,虽然未发现国有企业高管的盈余操纵,但是民营企业高管存在盈余操纵。

本书在研究问题上将国家宏观政策导向与企业微观经营活动相结合起来,研究社会资本对企业的过度投资、企业的盈余操纵、国家宏观财政税收政策的实施、企业价值等的正向和负向的重大影响。

社会资本可以为企业带来税收的优惠,但这种效应的大小以及是否具有持续性目前仍具有不确定性,还需进一步的分析。

作　者

2020 年 5 月

致　谢

即将告别四年来的博士生涯，往事历历在目，眼前常常闪现一幕幕师友们帮助和支持的场景。我怀着感恩的心情对他们表示衷心的感谢和致敬！

首先，感谢重庆大学、法国 Grenoble Ecole de Management 和意大利 Sant'Anna School of Advanced Studies 为我提供博士研究平台和学习机会，使我体会到了西方文化的文明和源远流长，学到了应用的研究理论和方法。我将尽力把学到的知识运用到实践中去，希望能够对中国管理学应用研究起到增砖添瓦的作用。

其次，非常感谢我的中方导师——重庆大学刘斌教授对我的论文从选题、研究设计和实证研究等整个研究过程的精心指导，以及他的硕博研究生即我的同门师兄弟、姐妹对我的帮助和学术影响。非常感谢外方导师——法国格勒诺布尔高等商学院的马克·史密斯院长，史密斯教授多次指出论文不足之处并提出宝贵的指导意见。

再次，我特别感激闫杰教授。我的博士论文能够顺利完成，离不开闫杰教授对我的指导。他认真负责、严谨治学、精心指导。在第一阶段论文初稿的基础上，他有针对性地从论文的内容、逻辑、理论、结构、方法上缜密考虑，多次给我列出了详细的修改意见清单。我按照清单上的问题逐一认真修改，就这样多次循环往复，最终完成了博士论文。我对他付出的辛勤劳动铭刻在心，诚挚感恩！

我向中外全体授课教授、为项目服务的主管及工作人员表示由衷的感谢！

最后，感谢我的妻子肖玉玲女士，在我攻读博士期间承担了全部家务并照顾正在读书的儿子陈登峰。感谢云南知达会计师事务所的杨岭岚女士及其他同仁承担了本应由我负责的工作，使我可以安心完成学业。

感谢百色学院科研项目经费资助出版本书。

词汇表

序号	术语	解释
1	社会资本	公司高管的社会背景关系,是否是人大代表、政协委员、各民主党派成员,是否有过政府部门工作的经历;政府部门的工作人员到企业进行实地调查研究,彼此互相之间建立起来的社会资本关系
2	企业高管政治资本	企业高管政治资本是指企业的高级管理人员,是否是人大代表、政协代表,是否有政府部门工作的经历等
3	过度投资	投资于净现值小于零的项目,从而降低资源配置的效率
4	盈余操纵	公司的高级管理人员有意图、有目的地利用自己的职业判断或者利用其他方法对向外报告的财务报告进行干预的过程
5	政府补贴	《企业会计准则第 16 号——政府补贴》中定义政府补助为"企业从政府无偿取得货币性资产或非货币性资产,但不包括政府作为企业所有者投入的资本"(中国证券监督管理委员会会计部,2016)。政府补助具体数据:为 Wind 数据库中披露的政府补助总额
6	税收优惠	税收优惠是实际减轻纳税人税收负担的一种政策,具体表现为企业少缴国家税收收入,或者企业实际税率的降低
7	托宾 Q 值	托宾 Q 值(Tobin's Q)是一个重要的企业价值和公司绩效的代理变量
8	总资产收益率	总资产收益率(ROA)是反映上市公司账面价值指标,书中作为被解释变量企业绩效
9	社会关联	普遍存在于世界各国的上市公司之中;公司社会关联是政府对公司持续干预的一种手段

序号	术语	解释
10	所有权性质	当企业的实际控制人性质为国有时,取值1,否则为0
11	上市公司	本书定义的上市公司主要是指在沪深股市上市的国内A股上市公司
12	回归残差 μ	书中的回归残差 μ 是通过建立模型来估算企业正常的资本投资水平,然后用回归残差表示投资异化的代理变量,残差大于零为过度投资,残差小于零为投资不足
13	两阶段处理效应模型	Tobit模型也称为样本选择模型、受限因变量模型,是因变量满足某种约束条件下取值的模型。这种模型的特点在于模型包含两个部分:一是表示约束条件的选择方程;一是满足约束条件下的某连续变量方程模型
14	Tobit模型	微观经济学数据的一个普遍特征,处在一定范围的因变量观测值,被转化成(或报告为)一个单一变量。这个问题应使用Tobit模型来分析,在应用中所有小于零的值都被调整为零
15	纵向比较	纵向比较是仅对发生社会资本事件的样本进行分析,以开展纵向比较
16	横向比较	横向比较是按照事件发生年份、企业规模、所在行业三个要素对这些企业进行配对,进而开展横向比较
17	面板数据	面板数据模型主要研究同一实体(个人、企业、地区、国家等)在一定时期内的数据,指的是 n 个不同个体在 t 个不同时期上被观测到的数据
18	Tax Rate1	Tax Rate为企业的实际所得税率,等于企业当年所得税费用/税前会计利润
19	Tax Rate2	在计算实际税率时,使用(所得税费用 — 递延所得税费用)/税前会计利润来替代书中的Tax Rate

目　　录

第1章 引 言

1.1 研究问题

麦肯锡在全世界范围内对 200 多个公司的 CEO 进行了定量的调查分析后得出,除顾客外,政府部门官员是对企业价值影响最大的相关利益者(Andre Dua,Kerrin Heil & Jon Wilkins,2010)。分析还得出,很多公司的 CEO 都希望政府官员可以参与他们公司的经营管理,以使本企业在业内有较强的经济发展持续增长能力。大多数企业高管认为,企业必须采取积极主动行为,与政府部门搞好社会关系,公司要主动和政府部门官员进行沟通和交往。

全球金融危机爆发以来,政府宏观调控和参与企业管理的程度大大加强。政府与企业建立良好的社会关系是一项很重要的工作。政府派出其工作人员到企业做好调查研究工作:第一,能够掌握国家法律、宏观管理的大政方针政策和政治经济制度执行的有效性,每每在政策制定之前和之后的重大政策出台后,政府官员都要选定某些特殊地区进行实地的调研和监督检查;第二,公司是国民经济基础的主要支撑力量。毛泽东主席说:"没有调查,就没有发言权。"他是社会调查的身体力行者,在《中国社会各阶级的分析》(1926)、《湖南农村运动考察报告》(1927)、《寻乌调查》(1930)、《长冈乡调查》(1930)等文章中都使用了深入、细致的实地调查方法。改革开放以来,我国的社会科学研究受到了更多的重视,组织更加健全,方法也更加规范(Kathy Charmaz,2009)。现阶段及时获得基层的各种需求和动态信息,制定的法律、法规、制度及政策才更加符合国情,能够更好地实现国家宏观调控、企业微观搞活,促进国民经济的高速发展。

对公司而言,具有社会资本关系的企业优越感较强。首先,企业高管和政府官员有机会进行正式的交流与沟通,在政府官员的考察中,公司能够发挥出自己的优势,企业运用合理的方式和展示其产品特点,以便通过积极的渠道和途径来获取政府在政策上的大力支持和帮助,企业了解政府政策导向,有利于企业做好对未来发展的正确决策。其次,与政府官员直接面对面的交谈,主要是企业可以直接获取国家的宏观产业政策和发展思路,从而预测企业未来的经营战略方向,有助于企业正确地选择有效经营决策,实现企业利润最大化目标。最后,企业高管与政府官员的检查工作是互相接待、交流的自然形成过程,这种过程长此以往可能会产生熟悉和密切的政企联系,这对于一个企业而言是非常重要的。相对于企业的其他竞争对手来说,这也是一种天然的无形资源。

从古至今,官府都要派出官员到所管辖地区,通过访问了解人民的生活疾苦和社会生产现状。中国封建社会时期的统治者通过微服私访体察民情,例如康熙微服私访、乾隆两次下江南。当代政府高官同样会到所管辖的企业、地区实地访问百姓各方面的基本情况。比如,1978 年我国的改革开放政策在整个国际社会引起较大的反响,在国内通过转型经济逐步建立起中国特色的市场经济体制,近年来中国经济的高速增长持续地发展,使中国进入了经济大国之列。2014 年 4 月,北京市市长到河北省访问首钢京唐公司,他在这一检查工作过程中肯定了首钢京唐股份公司已取得的重大成果,并鼓励其在北京、天津、河北三个地区的协同发展中继续发挥模范带头作用。几天以后"首钢股份"股票市值在证券市场上快速增长。

首钢股份是一个个案,但给了我们一个启示,即社会关联很可能会对企业造成巨大影响。因此,本书研究关注以下问题:

社会资本对我国企业究竟会造成什么样的经济影响?

有社会资本的企业反映了政府与企业之间的"社会关联"关系,即政府与企业、政府与市场之间的关系。徐现祥和王贤彬(2010)、张军和高远(2007)都发现了中国地方官员异地交流对当地经济产生的正面影响。有些研究成果还表明,在国内外,当公司的高级管理人员具有政府背景时,企业的经济增长速度快、效率高;当企业没有政府背景,企业发展的效率相对较低。吴文锋(2008)、吴冲锋(2008)、刘晓薇(2008)均得出结论:在政府干预市场特别严重的地方,私营企业高管的地方政府背景能显著提升企业价值。

一般有社会资本的企业常常与政府政策有一定的联系。政府官员对企业的调查研究时间可以分为政策制定前、政策执行中检查监督和执行后效果总结。政府打算在某一行业或在某些领域进行调整政策时,政府官员将会到企业或地区进行实地调查和考察访问,以便制定的政策符合现实的行业或所处的地区,确保该项政策的有效执行。当政策实施若干年后,再通过访问研究来了解有关政策在执行情况方面是否达到预期的目标、政策是否需要调整。为了促进这一政策的有效落实,决策层在政策颁布后对企业进行访问,鼓励企业要认真落实后续政府的有关政策,同时也向社会彰显了企业执行政府政策的决心和努力。上面提到的北京市市长访问首钢集团的案例就充分说明了这一点。

1.2 研究的重要性

官商关系有既分不开、又不可靠的说法。中国的市场经济还未完全形成,从计划经济过渡到市场经济的转变过程中,企业必须不断地与政府打交道。在中国,市场是由政府主导的,中国政府对企业宏观管理的行为影响着市场,而不是以市场为导向的市场经济。因此,政府与企业之间的关系是一个无法回避的微妙话题。

一方面,政府提供的政治环境和经济环境是企业生存和发展的基础,政府的政策导向直接影响企业在市场上的公平竞争。政府宏观间接管理与企业微观经营活动中的目标是一致的,都是提高国力、富民强国。在我国,政府与企业之间形成的内在的社会关联称之为"社会关联"现象是通过企业的高管人员和政府(机关)部门的公务人员相互交往建立的关系。这一"社会关联"现象是学术界在近几年的研究热点,与西方国家发达的资本市场相比,中国特殊的政治背景和经济转型时期新兴市场经济更具有研究价值。

官商的"社会关联"关系在中国现阶段显得特别重要,是一个无法回避的话题。事实上,在市场经济繁荣的西方国家,政府官员在企业的经济发展中也发挥着重要作用。可以认为官商关系是一种全球性的普遍现象。企业作为社会经济的任何行为都是在追求经济效率。大量的事实和学术文献研究结果也表明,这种社会关联可以为企业带来巨大的优势。具体原因有以下几个。

第一,有社会资本关联行为和事件的企业可以表明领导对某类行业或业务的重视,并对未来采取行动给予企业政策优惠,能为企业发展规划和投资提供一定的决策方向。社会资本的公司已获得来自政府的政策支持和商业机会,例如银行贷款、利率优惠、政府补贴、政府项目投资和社会福利支助及政府采购等。在我国特定的商业环境下,企业更愿意同政府部门的官员建立政治关系。在转型经济环境体制下,用这种政治资源可以得到政府政策支持、银行低利率贷款、特许经营等经济利益。

第二,企业可以利用政府公信力的影响作用,在政府的管理和监督下对企业自身的形象进行宣传,促进企业更好地发挥正能量作用。浏览某些企业的官方网站,常常可以看到这样一些社会资本公司的照片和相关的历史资料,企业利用这些照片和资料来传递合法经营信息,显示企业形象和声誉得到政府的批准和承认。这种无形的宣传将会增加企业的品牌效应,增强企业的市场竞争力。例如,在社会上有影响力的著名人物穿着就会引起大家高度关注。由于名人的示范效应,名人所穿国内高端定制品牌在国内产生影响力,同时"名人效应"也拉动了国内几大上市服装公司的股票大涨。英国女王喜爱某种商品、访问企业或逛商场,她的行为对大众消费也有很强的影响。中国广播网 2012 年 3 月 3 日报道了"英国女王婆媳三代逛商场",一路观看了蛋糕摊、糖果铺、钻石店、茶座等,凯特王妃还买了爱吃的糖果。女王一家逛商场的行为引起了世界媒体的高度关注,产生了非常好的外部经济效应,这些商店的销售额都在当年出现了大幅增长。1962 年法国总理戴高乐遭遇枪击,他乘坐雪铁龙 DIS 型轿车成功地冲出重围,雪铁龙 DIS 型轿车随后几年销量大增。可见,分析社会资本对上市企业的经济影响不但可以为国家制定宏观经济政策、企业微观经营管理及投资规划提供一定的理论基础,也为社会投资者在股票投资时提供了信息参考,具有理论价值和现实意义。

政府与市场的关系是不断发展的,改革开放以来,我国已经开始实施以市场为导向的改革,并且走上了由计划经济向市场经济的过渡阶段。40多年来,中国经济的发展已经取得了巨大的成就,但政府自身的改革还远远落后于市场改革,因此产生了极为复杂的政府与市场的关系。经济体制转型的理论准备和现有的经济学知识远远不够。如何成功地完成从集中计划经济体制向市场经济体制转型,需要更多的学术研究。在市场经济体制转变过程中,社会关联和企业绩效的研究就变得十分重要。

1.3   本书结构

第一章引言之后,本书有如下 8 个章节。

第二章主要是研究文献,主要论述了社会关联的基础理论、动因、表征、后果以及企业绩效关系、差异化影响因素等。

第三章建立模型假设,基于理论推导提出四个假设。

第四章是数据和度量,包括数据来源、变量的选择和方法的选择。本书搜集 2003—2012 年期间沪深股市上市企业网站上的社会关联数据,分行业和地区进行研究对比分析。

第五章探讨社会资本与过度投资的关系。使用资本投资量估算得到的过度投资作为因变量,采用横向比较和纵向比较相结合的方法,以考察社会资本对企业过度投资的影响。

　　第六章探讨社会资本与盈余操纵的关系。发现相较于非国有企业,社会资本对盈余操纵的影响在国有企业中较弱。在拥有社会资本后,非国有控股企业比国有企业更有可能会进行盈余操纵行为。

　　第七章探讨社会资本与优惠政策。主要从政府补助、企业税负两个方面进行分析。

　　第八章探讨社会资本与企业绩效之间的关系。

　　第九章讨论了本书的主要发现、理论贡献和实践意义,同时指出本书研究内容存在的不足之处。

第 2 章　文献综述

2.1　社会关联的基础理论

本章研究社会资本关联的行为和事件为企业带来怎样的经济影响。其理论基础是社会资本理论、宏观经济理论和寻租理论。社会资本是企业与政府建立社会关联的方式之一，在一定程度上，社会资本对企业经营产生影响。在政府控制着公司的社会稀缺资源时，公司要处理好和当地政府的社会关系，经过这种社会间的相互关系，企业一方面能够得到特殊社会资本，另一方面，也会付出寻租成本，造成生产资源的无效率。以上两方面可能会分别给企业带来正面和负面的效应。

2.1.1　社会资本理论

社会资本理论产生于 20 世纪 70 年代，最早由 Pierre Bourdieu 提出，然后 James Coleman 在《作为人力资本发展条件的社会资本》中第一次明确提出"社会资本"的概念。我国的学者认为："社会资本理论"概念是指行为者为了获取稀缺资源而建立的社会关系并由此获得利益的能力（边燕杰，2000），行为者可以是个人行为者，也可以是某个组织。行为者社会资本的取得即社会联系可以利用两种方式。第一种是人际社会关系网络，通过人际社会关系网络，可以建立、巩固和发展互相之间的信任感，从而降低行为者之间的交易成本（Granovetter，1985）。第二种是作为组织中的成员，在这些组织中建立一种稳固的联系，行为者凭借这种联系获得社会资本，进而获取更多的资源。社会资本理论的核心是社会稀缺性资源，包含权力、财富和声望等，具有一定的社会属性，与物质资源不同，它们存在于人们之间的关系中且不以有形的形态被占有（林南，2005）。

企业是商品交易的主要组成部分，社会资本关系是公司利益的主要社会来源，公司开展社会资本关系的步骤，也就是公司管理者经过他的关系人脉来进行一些社会资本的获取，这种做法最主要的目标就是提高公司的经济水平。如果企业高管中能够有政府部门的人员，那么公司能够通过这些人员去取得一些资源,也就是说公司的高管人员有着一定的社会资本关系。

社会资本是企业重要的无形资产,社会经济中所表现的首要弊端就是国家经济制度的不健全,经济体制改革、经济制度的创新、政策发生变化导致部分中国市场秩序的法律、法规不健全。

2.1.2　宏观经济理论

1929 年,凯恩斯学派建立起一套完整的宏观经济理论和宏观经济政策。该理论以国家干预主义为原则,通过一定时间的发展,成为经济理论的主流方向,并在此基础上形成了政府干预理论。凯恩斯学派的"政府干预理论"认为:市场并不是万能的,对于社会资本的最优化配置、社会福利的最大化等问题,市场并不能使结果最为满意。因此,会导致政府需要对某些经济领域进行积极的干预,这种干预是当市场经济中出现"市场失灵"时所采用的手段。即政府对市场合理地、适当地管理,从而保证市场经济的稳定性。

从 20 世纪 70 年代开始,一些发达国家的经济萧条使得一直被人崇拜的凯恩斯学派理论引发了人们的质疑,人们开始关注政府控制失效、政策不合理等问题。伴随着新兴经济模式的逐渐发展,全新的经济交易模式在 20 世纪 70 年代末至 80 年代初在一些欧洲国家出现并得到推广。英国经济学家(RN. Rosensten-rodan)的大推动理论(the Theory of the Big-Push)、美国经济学家(Chenery)的两缺口理论、英国经济学家刘易斯(Lewis)的二元结构都为政府管理市场经济提供了重要的新的理论支持。市场经济的主要模式也开始从以公司、市场两方面为主逐渐改变成以公司、政府、市场三方面因素为主。

1978 年所提出的改革开放是我国经济社会创新最为重要的转折点。这次改革表现出了明显的地域特点,很大程度上鼓励了当地政府对经济活动的干预,加大了经济市场环境之间地域的竞争。这也就要求地方政府对当地经济必须运用有力的管理措施。为了实现当地的经济目标,当地政府有动力也有实力帮助企业进行经济方面的转型,为它们建立市场、提供资源,为本地经济发展做出贡献。Blanchard 和 Shleifer(2000)对从 1989 年到现在的中国和俄罗斯的经济变化模式进行了分析,发现了两国经济发展存在较大差异的重要原因之一就在于政府对企业的帮助力度和范围存在差异。

从另一个角度看,在计划经济向市场经济的转变过程中,中国国企承担了较重的政府目标和任务,如战略、就业、养老、社会福利等(Lin,Cai and Li,1998)。国有企业承受着很重的政府政策负担。地方政府分级管理的体制经历了从中央集权到地方分权化发展的过程,因此地方政府获得了财政自主权、经济管理权力等。但同时地方国有企业要解决地方政府所赋予的政府目标和任务,如增加就业率、提高当地的经济增长、社会养老抚恤、社会公益事业等,当地政府还担负着维护社会稳定的任务。

政府干预经济的方式有两种:一种称为政府援助之手,另一种被称为政府"掠夺"之手。当政府参与经济管理是为了使得当地的社会保障得到全面覆盖时,政府部门对经济的管理也是合理的,这种情况下政府的工作能够有序进行。反之,政府管理会高于法律之上,对经济进行不合理的控制,政府的工作人员把个人的情感强加到经济的管理之中,进而造成民众的一些基本权利没有得到保证,一些法律没有被有效地执行,最后会导致该政府的无效率和瘫痪。

2.1.3　寻租理论

从政府和企业之间的联系来考察政府对企业的影响,从 20 世纪 70 年代开始,西方逐渐形成了"寻租理论"。Tullock 在 1967 年发表的《关税、垄断和偷盗的福利成本》可以被当成是寻租概念思想的萌芽;美国经济学家 Krueger(1974)探讨国际贸易中保护主义政策的成因时提出了"寻租"这个词语,在《寻租社会的政治经济学》中,Krueger 分析了政府采用进口限额或者采用许可证的方式对贸易进行限制时会出现大量的寻租活动,在寻租活动中,人们为了不劳而获的利润进行了激烈竞争,从而造成了社会资本的巨大浪费。

在经济学术语中,"租金"指的是:某种产品生产的全部收入中,多于生产它所用成本的价值,这种机会成本指的是生成要素的所有者将这种生成要素用于任何可选择的用途中所能得到的报酬。在现实生活中,所谓租金就是在生产产品中所需要支付该产品的最低价格。经济学理论认为,要是其中一个模式的投入超过其他模式的预期收入,那么我们就说这个模式中有着这种产品的租金。在相互竞争的环境下,因为资金的问题造成这个产品在不同的行业之间进行一定的交流,并且这种交流正好是因为资金缺少的模式向那些资金比较富余的模式进行调整。

在规定经济水平的特殊环境下,传统的租金模式因为受到市场环境的改变和制造业产品提升的作用而造成价格降低,最后造成租金在各种模式的支出间进入到一个平衡的模式。公司的建立是从寻求利益最大化的角度考虑的,它们研究新的商品、提升生产技术等一系列的改变都是为了增加它的经济收入,也就是减租效益。某个公司减少租金达到标准的状况,我们觉得这个公司所生产的产品就是取得了一定的平均边际利润,便会大面积地投放到市场中,让这个公司的收入逐渐变低,也就是增加利益的模式。而公司的减租模式也就是为了增加经济收入的模式。

现代寻租概念是政府采取一定的手段对市场经济进行相关的管理,影响了市场的秩序,进而增加了资源分配的不公平性,导致了寻租活动的产生。因为在现代经济市场中有着不完善的竞争活动,市场一旦失去控制,就要求政府机关(部门)必须对资源进行相关的分配。因为资源的有限性且资源的管理权被政府部门拥有,一些公司为了得到宝贵的资源,便运用各种各样的方法来尽力与政府建立关联,企业向政府部门的寻租行为由此而产生。

一些真实案例显示,政府部门的工作人员运用他们的职位把一些珍贵资源进行不合理分配。公司想要得到这些资源便会运用各种各样的方法,进而开始与政府部门建立联系。由于政府的干预和资源的稀缺性使得权力拥有者拥有获得额外经济收入的机遇。这些额外经济收入即为租金。权力拥有者想要得到租金,就会采取各种各样的方法"出卖"权力和资源,这就是所谓的"寻租"。

在中国,存在国有企业和民营企业等不同产权性质的公司。政府有时候会向国有公司指派一些有政治资源的领导人,从而建立社会关联。私有企业的社会关联经常是公司主动与政府部门领导人联系而建立的(Chen et al,2005,Li et al,2008)。所以,性质不一样的公司的社会关联也不一样,从而导致的寻租问题也不相同。有时政府官员会向公司主动寻租;而民营企业一般都是公司高管向政府或者一些工作人员寻租,还有就是企业和政府工作人员之间的来回寻租。公司为了得到更多的稀缺资源,加快本公司的发展,会有更高的积极性去建立社会关系,从而产生更多的寻租机会。

企业的目的是利用政府和企业的人际关系来增加自己的利益。寻租通常需要支付大量的成本,以便保证寻租活动的顺利进行。但是在实际的操作过程中,由于受到信息不对称和隐蔽性等因素的影响,寻租行为较为微妙,企业要想准确地测量寻租行为的收益和成本往往是很难的。如果最终收益大于成本,对企业会产生正面影响。从宏观视角来看,寻租行为导致社会资本的配置机制被扭曲。外部环境的恶化对企业生存极为不利,对于企业的长期发展起到相反的作用。企业以寻租为目的的社会关联往往是一把双刃剑,既能使企业获得更多的优惠,又使企业承担额外的费用,常常会造成公司整体经济效益下降,从而导致财务风险。

2.2　社会关联的动因

经济学家很久之前就已经认识到企业的社会关联的重要性（Kruger，1974）。对于企业而言，建立和保持竞争优势是其面临的最大挑战。有效的政治工具是一项建立和维持竞争优势的重要战略资源。企业家为了企业的利益要花很多金钱和精力来建立并维护政治关系。

企业有很多相关利益者，政府往往是其中之一。在大部分国家中，政府一般使用直接和间接两种方式管理和影响企业。第一种是制定公共政策、调整市场结构、监管竞争环境，从而间接给企业造成影响。第二种方式在正常市场经济运作中较少被使用，即政府直接使用行政手段干预企业。无论政府制定何种政策和采取何种措施，都难免让一部分企业受益，而让另一部分企业利益受损。政府政策的不确定性会给企业带来风险，因此企业需要提前了解政府的政策走向。企业高管们常常通过各种公共或私人关系参与政治活动，以图提前了解甚至影响政府政策的制定和执行。

为了建立和保持竞争优势和利润最大化的目标，企业需要稀缺资源和外部环境的保护，例如优惠政策、金融环境、财产权保护等。政府部门手中掌握控制着大量的相关资源。企业往往不能完全依靠市场机制和法律途径来充足地获取这些资源。迫于竞争压力，企业常常主动或被动地建立社会关联。另外，一些政府官员想要获取拥有的资源的租金，他们会从与企业建立联系中得到好处（Shleifer and Vishny，1994）。在不同的制度背景中，企业建立维护政治关系的收益和成本有很大差异。由此可见，社会关联与企业所处的制度背景密不可分割（Bartels et al，2003）。为获得所需的资源，企业常常使用非正式的关系配置来替代正式的制度安排。在法律和制度不健全、市场经济不发达和政府干预特别严重的国家，企业建立社会关联主要考虑的问题是如何进行寻租（Khwajia et al，2005；Claessens，2008）。

全球范围内，社会关联普遍存在着腐败现象。Faccio（2006）对42个国家跨国公司的数据研究证实了这一观点。通过社会关联，企业从银行得到低成本融资，得到优惠税收政策，从而增加其在市场上的竞争力。企业高管和政府官员建立政治关系使其交易成本降低。政府控制严格的地区，企业从市场上获取资源和交易成本都较高。

在另一些场景下，企业通过建立社会关联才能够得到政府的支持（Khanna et al，2006）。政府往往采取各种措施，例如限制许可证发放、限制市场参与者的数量等，人为地制造稀缺资源，从而从中获利。为了进入市场，企业必须依靠社会关联以求得到许可。有着非常良好政治关系的企业更有可能进入某些政府控制的行业,而其竞争对手则面临更多的监管和控制(Hadlocke et al,2008)。政府合同是很多企业追求的目标,企业政治关系在这种契约过程中会有更多的竞争优势(Goldman,2007)。

由于信息不对称,社会关联可以在政府与企业之间相互传输一种重要的信号。在经济转型的过程中,外部的不确定性会给企业带来许多不可控的风险。这些不确定性常常是由于政府控制资源,不按市场规则进行合理和有效的配置。企业的社会关联更容易将自身的信息传递给政府,从而获取所需资源和政策支持(叶会,2008)。从另一个角度看,企业的社会关联对企业股价会显示出正向效应(Bunkanwanicha et al,2008)。

无论是处于转型期、发展期或是在较发达的国家,企业的社会关联现象都十分普遍(Roberts,1990;Fisman,2001;Adhikari et al,2006)。

发展中国家在转型和发展经济的过程中,企业面对非常多的不确定因素,比如在宏观层面政权是否稳定? 政府能否顺利换届? 司法是否独立? 政策是否连贯、持续和可以预测? 政府是否依法行政? 企业建立社会关联的一个非常重要的原因是为了减少不确定性,了解重要信息和所需要的资源,来建立和维护企业的竞争优势。因此,政治关系是一种非正式的制度替代品,在转型期的经济发展中起到重要作用(张军,1995)。为了追求利润最大化目标,保持创新与竞争优势地位,企业尽可能努力满足政府的需求,使政府官员手中的权力成为企业的政治资源,寻求政治权力对决策过程的影响,减弱外部环境的变化对企业经营活动的负面影响。由于官商的社会关联使企业得到了发展机会,这是一种常见社会关联的隐形合同。我们必须认识到社会关联不等同于腐败,这是将企业发展机遇和政治权力,引入到经济关系的一种潜在规则。

2.3 社会关联的表征

西方从 20 世纪 80 年代开始就对政企关系对企业的影响进行了研究,而中国对企业社会关联的研究才刚刚开始。社会关联有哪些主要表征? 总结现有文献,主要有以下五个方面。

(1)企业高管的政府任职背景。一家公司的大股东、高管现在或曾经在政府或议会工作。如果公司高管属于政府官员、前政府官员或国会议员的都可定义为"社会关联",这是目前该领域中最常见的度量方法,这种做法是本书对"社会关联"的指标测量。

(2)企业高管或主要股东与政府官员关系的密切程度。Faccio(2006)认为,如果一家企业至少有一个大股东或高管和各部长或高一级议员之间存在密切的关系,那么就可以定义为一种有社会关联的企业。这种定义实际上是很隐蔽、含糊不清的,因为社会关联的相关信息与隐私相关,不容易获取。因此这种定义在学术研究上较少使用。

(3)企业总部和政府官员的生活或出生地点是否相同。使用这种方法的前提假设是,地域是影响政治关系的一项重要因素。当政治人物参与选举时,由于家乡情结,企业通常更倾向于支持本地的政治人物。这种测量方法虽然较前面的方法比较容易定义,但该方法定义社会关联的范围太广泛,实际中也很难操作。

(4)Bushman(2004)和 Adhikari(2006)使用的是以国有股比例作为度量社会关联的指标。总体而言,这种方法是不全面的。有的家族企业或民营企业没有国有股,即使有,国有股比例也很低。这种情况并不表示其没有社会关联。

(5)以公司在政治竞选中对候选人的政治捐款为标准进行测量,包括公司的捐赠数额、捐款比例等指标。与前面几个方法相比较,这种方法不仅可以帮助研究人员更客观地确定拥有社会关联的企业,而且还能测量社会关联的强度。但由于中国特殊的政治制度背景,这种方法也不适合。

2.4　社会关联的后果

过度投资即投资的净现值小于零,从而减少了资源的效率配置。关于企业社会关联影响过度投资的有关问题,当前相关文献较少。Chen(2011)以 2001—2004 年间中国 3767 家上市公司为样本,认为有政治背景的国有企业投资支出和投资机会敏感性降低,国有企业有社会关联背景的过度投资大大超过非社会关联背景公司。但对于有社会关联的民营上市公司,过度投资行为并不普遍。陈云森和朱松(2009)发现,社会资本的企业投资效率大大提高,而投资较低和现金流量敏感度不高,企业投资功能在当地政府的作用下被强化。Du Xing(2011)发现,只有在当地政府控制的国有公司,社会关联大大增加了过度投资的概率。

优惠政策是一种有政治相关的企业能够得到政府补贴、税收减免的政策。

《企业会计准则第 16 号——政府补贴》中定义政府补助为"企业从政府无偿取得货币性资产或非货币性资产,但不包括政府作为企业所有者投入的资本"(中国证券监督管理委员会会计部,2016)。在税收减免优惠政策方面,企业的社会关联是通过减税、税收返还使有效税率降低(Faccio,

2006)。企业税负较重的地区,存在社会关联的企业适用税率和实际所得税率低,没有社会关联的企业适用税率和实际所得税率明显高;存在没有社会关联的企业税收负担较重,有社会关联的公司可获得更多的税收优惠(吴文锋,吴冲锋,芮萌,2008)。

Faccio(2006)的研究结果显示:与没有政治关系的公司相比较,有政治关系的公司负债率较高;但遇到财务困难时,他们会得到更多的政府补助、税收减免等政策优惠。具有社会关联的民营企业处于财务困难时更容易获得政府支持和救助;在当地政府有更充足资金的情况下,处于财务困境的民营企业可以通过社会关联获取更多的财政补贴(潘越,戴亦一,李财喜,2009)。社会关联有助于民营企业获得更多的财政补贴,在制度环境不好、贫穷落后的省份,这种影响更为明显(余明桂,回雅甫,潘红波,2010)。深入研究结果还发现,有社会关联的民营企业在获得政府财政补贴之后,公司绩效和社会效益反而是降低了;而没有政治相关关系的民营企业获得财政补贴后,企业绩效和社会绩效显著增加。

Healy 和 Wahlen (1999)指出,盈余操纵是指企业的高管在编制财务报告时通过某些方法改变交易的实质,产生虚假的财务报告,从而误导利益关系人的决策。Kohtari 和 Robin(2000)发现社会关联会降低会计信息质量,增加了政治风险。有政治背景的管理人员对市场压力也似乎更为不敏感 (Ahmed Riahi-Belkaoui,2004)。

2.5　社会关联与企业绩效

国内外许多学者对社会关联的研究结果表明,社会关联作为一种非正式的制度,对企业有很重要的影响。中国是在计划经济向市场经济的转型时期,尽管市场经济已经成为时代主题,但在有些地区,政府对市场的干预力度仍然很大。有很多的企业都存在着显著的社会关联。因此,研究社会关联对企业绩效的影响非常有意义。

研究社会关联对企业价值的影响,是近年来国内外专家的一个热点问题。社会关联会对企业绩效起到积极或消极的作用。积极的是社会关联对企业绩效有所提高,正如法律保护会给自身的企业带来许多好处,另一种机制和社会关联同样会给企业获得丰厚的利润。消极的是政治关系会降低企业绩效,因为企业政治关系意味着要承担政府租金成本。关于官商关系对企业价值影响的研究,不同的研究得出的研究结果不同。当前还没有得到普遍接受的结论。

2.5.1 正向作用

企业的社会关联使其交易成本降低。政府严格控制的重要产业可能会受到严格限制,为了进入这些稀缺资源市场,企业必须依靠社会关联。许多文献证实了大多数有政府背景的企业更容易获得更多的社会资本,特别是稀缺的资源。同时大多数学者认为,私有企业的社会关联会导致企业从政府得到更多的财政支持、银行贷款和某些政策信息,从而促进企业的经济发展,提高企业的社会影响力。

Johnson 和 Mitton (2003)研究了马来西亚在 1997—1998 年东南亚金融危机期间国内的政商关系。政府管制对上市公司市场价值的影响是有所不同的。实施管制时有政商关系的公司的股票市场价值往往下跌,因为管制期间政府补贴较少,未管制时与新总理马哈蒂尔有社会关联的公司的市场价值大幅度增加。研究者认为增加的价值是由公司的社会关联带来的。Roberts(1990)利用美国参议员 Henry Jackson 的突然死亡事件作为研究对象,发现与参议员联营的公司的市场价值有所下降,与他的继任者联营的公司的市场价值有所上升。

Fisman(2001)研究了 1995—1997 年印尼苏哈托总统 6 次健康状况恶化的传闻对相关企业市场价值的影响。每一次关于苏哈托总统健康状况恶化的新闻都会造成与其有社会关联业务的 79 家公司的股票价格下跌,尤其是与其密切关联的几家企业的股价下跌得更为严重。这一研究从相反的角度说明了社会关联确实能够提高企业绩效。

Claessens (2008)以巴西 1998—2002 年选举为分析对象。在选举过程中,大力支持重要选举人的公司的股票价格很快上升。当企业扶持的候选人当选时,有社会关联的公司的股票市值增加得更加明显。

Jones 和 Olken (2005)考察了国家领导人变更之前和之后的经济增长变化表现。他们以 1945—1990 年 130 个国家或地区为样本,研究发现国家领导人变更可以显著地影响经济体的政策选择及其经济增长绩效。并且国家领导人的影响效应在缺乏权力约束的经济体可能会更大。

Wiwattanakantang 和 Bunkanwanicha(2009)以泰国企业作为样本的研究结果认为,如果公司所有者为使政府官员选举成功,支持政府官员竞选,公司提供资金作为竞选经费,公司的市场价值会急剧上升,这是因为公司所有者对赢得选举所付出的竞选成本代价,他们公司的权利应得到政府政策支持和保护。

Goldman、Rocholl 和 So (2009)分析了 2000 年美国大选对上市公司

股票价格的作用。分析结果显示,由于共和党最终获得胜利,与支持民主党的公司股票价格相比,支持共和党的公司股票价格上升得更多。他们认为:社会关联可能对公司的市场价值起到合理的正面作用。Faccio(2006)发现,当政府官员被聘为企业管理人员时,股票价格没有特别大的改变。这也可能是因为政府官员寻租模式造成的。但是当公司的企业家加入政府之后,他们的股票价格便会有特别大幅度的上升。当企业的高管参与政治活动时,股票价格会迅速上升;与企业有交往的政治人物意外去世时,企业的股票价格会大幅度下跌(Faccio and Parsley,2007)。美国上市公司的数据表明,当公司对选举政治人物通过捐赠而与其建立了政治关系,在总统选举期间股价市值往往发生较大的波动(Roberts,1990;Jayach and Ran 2006;Gulen and Ovtchinnikov,2006;Rocholl,2006)。

　　Faccio(2006;2007)以跨国公司为研究对象,发现公司政治关系在全世界范围内普遍存在。尤其是在法律制度不健全和贪污腐败严重的国家,公司的主要股东和高管人员普遍存在政治联系。Johnsona 和 Mitton(2003)发现在马来西亚政府实施资本管制期间,有社会关联的公司在市场中的价值明显增加。当印尼前总统苏哈托身体健康情况出现恶化的时候,与苏哈托家族关系密切的公司的市值大幅度减少(Johnsona,2001)。

2.5.2　负向作用

　　只有当公司的预期收益大于成本时,公司建立政治关系才有利可图。Shleifer 和 Vishny(1994)建立了一个政府官员和企业 CEO 之间的博弈模型,显示政府会通过与企业的政治关系来发挥"掠夺之手"的作用。在选举年,大公司会雇用更多的员工,增加就业机会,以帮助他们支持的在职官员在选举中再次获胜(Kramarz and Thesmar,2006)。有学者认为社会关联会损害公司的价值,某些实证结果支持这一观点。Bertrand(2006)研究了法国的社会关联,研究结果表明,CEO 有社会关联的大公司的绩效低于CEO 没有社会关联的大公司。公司支持选举需要产生政治成本,他们招聘多余的工作人员,这样产生了超额工资,并且增加了业务费用。

　　Boubakri(2008)以 1980—2002 年 27 个国家 245 家私有化后的企业为研究对象,其中包括 87 家有社会关联的公司。结果显示有社会关联的企业的 ROS、ROA 和 ROE 均大大降低,只有 1.82%、0.85%和-1.56%,没有社会关联的企业 ROS、ROA 和 ROE 分别为 6.36%、2.43%和 4.86%。与政府过于密切的联系容易产生投资行为低效,对企业带来损失(Joseph and Aggarwal,2007)。

2.5.3 没有作用

有极少量的实证研究结果发现企业社会关联对企业没有影响。比如，Galef 和 Khurana（2007）发现，美国副总统迪克·切尼传出政治前途影响消息后，与其密切相关的公司股票价格没有出现显著变化。很可能这是因为美国资本市场制度比较完善，不存在公司与政府的寻租行为。

2.6 企业绩效度量指标

企业绩效是指经营管理成果的行动表现，它包括两个方面：一是提高效率、投入和产出之间的比例关系，能够以较少投入获得较高产出的一种有效方法；二是该公司的利润最大化目标。准确测量企业绩效和经营管理成果，是评价研究企业社会关联影响其经营成果和绩效的至关重要的步骤。国内和国际学术界衡量公司绩效的主要方法可以分为以下几种类型。

2.6.1 财务指标

1903 年，杜邦火药公司创建了财务指标的评估工具，开创性地使用投资报酬率来评价公司的绩效。根据杜邦公司财务主管 Donaldson Brown 的设计，投资回报率等于资产周转率和销售率的乘积。杜邦公司同时设计了杜邦系统图和杜邦财务分析系统，其中包括广泛使用的投资回报（Return on Investment，ROI）、权益回报率（Return on Equity，ROE）等指标。

中国的企业经营绩效的企业评估系统主要有以下几种，在考绩制度中包含了多种财务指标。

（1）诚信证券评价系统。1996 年，中国证券有限公司及《中国证券报》共同确定反映上市公司的盈利水平、发展速度、财务状况的三项指标，包括7 个具体指标：净资产收益率、总资产收益率、利润增长率、资产负债率、流动比率、速动比率、资本利润率。

（2）上市公司评价系统指标体系。1999 年，《上市公司》杂志开始在上海证券交易所上市交易的上市公司中评选 50 强活动，选择主营业务收入、净利润、总资产、市值 4 个指标体系。根据中国《企业财务通则》的规定，企业的三种类型财务指标如下：偿债能力指标，包括资产负债率、流动比率、速动比率；营运能力指标，包括应收账款周转率、存货周转率；盈利能力指标，包括资本利润率、营业利润率、成本利润率。

（3）国有资本评价系统指标体系。2001 年，中联财务顾问有限公司和财政部统计评价司联合开展了中国上市公司绩效评价课题研究,主要是国有资本的绩效评价系统,选择确定反映了上市公司的财务收益、资产经营、偿债能力、发展能力四方面的多层次绩效指标。

在企业社会关联研究文献中,大多数是以一个或几个财务指标作为评价企业绩效。例如 Fan、Wong、Zhang(2007)使用营业利润增长、销售增长、净利润增长指标,发现 A 股市场 CEO 之间具有政治关系的上市公司在股票市场上的绩效低于 CEO 没有社会关联的公司。Faccio(2002)以净资产收益率、市盈率、市净率、股本回报率作为企业绩效的代理变量,以确定对有社会关联公司的经营绩效产生影响;杜兴强采用销售利润率作为度量稳定性。胡晓红(2008)以公司总市值、市净率为公司市值的账面价值作为部分的绩效度量标准,研究社会关联对 A 股上市公司对企业绩效的影响程度。

上市公司市值一直是现代财务管理学术界共同关注的核心,但以会计率作为衡量公司的价值也在 20 世纪 70 年代受到很多质疑和批评。因此,在学术界和业界通过研究、创建反应预期市场指标的 Tobin's Q,计算公式为 $Q = \dfrac{\text{公司市场价值}}{\text{公司重置成本}}$,以反映预期的未来盈利能力的公司包括自动调整的风险,对通货膨胀的敏感性程度相对较低。

Tobin's Q 被国内和国外财务界广泛应用于企业价值的相关研究。James Tobin(1969)提出,企业的新增资产预期的净现值与重置成本的比率关系是企业决定投资的一种重要的因素,并将这一比率命名为 Tobin's Q。应在产业经济学领域使用 Tobin's Q,利用 Tobin's Q 作为公司的预期盈利能力和垄断能力的度量指标(Lindenberg and Ross,1981)。Lang 和 Stulzst(1994)认为:Tobin's Q 理论在对投资和股票价格之间的内在相互关系提供了最好的说明,Tobin's Q 是一个重要的企业价值和公司绩效的代理变量。

2.6.2　非财务指标

单一财务指标作为对企业绩效度量标准有很多弊端。Ittner、Larcker(1998)总结了财务指标的局限性:第一,财务指标是滞后指标,只反映了企业过去经营绩效和成果,无法预测企业未来的盈利能力;第二,利用财务指标来评价企业经营绩效属于短视行为;第三,企业财务绩效指标忽略了外部因素对绩效的影响。过去由于在对企业社会关联研究中未考虑到非财务指标,因此在社会资本对企业绩效影响的研究中,如果将非财务指标纳入绩效考核,研究结果会更准确全面。

非财务指标主要包括以下几个方面:定性指标、交货效率指标、客户满意度指标、市场份额指标、人力资源指标、反应能力指标和创新能力指标。1972 年,PIMS(Profit Impact of Market Strategies)研究计划对 3000 家公司的数据进行分析,设计了若干非财务指标,如竞争地位排序、质量指数,企业长期绩效与客户满意度指标存在着一种显著正相关关系(Ittner,1998)。

由于财务指标只反映了对过去企业运营活动的影响,缺乏对企业预测未来盈利能力,有很多文献研究非财务性指标对未来绩效的预测。Banker(2000)根据 18 家服务企业 72 个月的时间序列数据,发现客户满意度指标对企业未来财务绩效存在显著正相关。John Robinson(2006)以中国 76 家国有企业作为样本,发现客户满意度水平高的企业具有更高的盈利能力。

关于社会关联与企业的盈余操纵在中国很少有研究。国内学者的研究角度也更多地基于地方政府对企业绩效的影响。

国外学者在研究中主要是关注地方政府对上市公司治理的影响和地方政府与上市公司之间的关系。他们中很多是从国家的经济体制、经济运行效率的角度出发来探讨地方政府的行为。他们的研究结果也证明了政府可能参与企业管理以达到其目的。

2.7　中国商业环境下的社会关联

中国和西方国家有着不同的历史背景,政治、经济和文化等方面都差异较大,例如经济体制、金融体系、政治制度等。中国企业的社会关联带有较为浓厚的政治色彩,并且有其独特性。近几年对官商关系的研究,基本上有三种观点:政商关系提高企业价值;政商关系损毁企业价值;具有双向影响。

在中国当前的政治经济制度下,政府对经济活动具有极强的控制能力(周黎安,2007)。特别是国有企业受到政府的干预极为严重。可以认为我国是政府主导市场。政府的干预是至关重要的。徐现祥和王贤彬(2010)、张军和高远(2007)均发现中国地方官员交流对当地经济产生了积极的影响。吴文锋等(2008)发现在政府干预市场严重的地区,民营企业高层管理人员的政府背景可以显著提高公司的价值。在政府干预经济越严重的地区,公司高管的政府背景越能提高企业价值。

目前,我国转型期制度设计未完全超出原有体制,国有企业的高管由政府直接任命和管理。有近 30%的 CEO 或高管曾经具有政府领导职务

(Fan,2007)。这种拥有政府背景的企业高管反映了官商之间的密切联系。政府官员通过政治关系实现官方对国有企业的干预和影响,保持政企沟通和协调,建立和维护双方的良好关系。

在当前国企高管行政任命的模式下,在企业就职的企业高管与政府官员享受同样的待遇。但是高管人员一旦被降职或罢免,他们将面临地位和声誉的急剧下降,在当地很难再获得理想的工作,这让他们存在所谓的"锁定效应"(周黎安,2007)。因此他们非常关心自己的名誉地位和政绩,并尽其最大努力来保持他们的声誉以及追求所谓的政治生涯的"锦标赛冠军"。同时有社会关联的企业高管也是特殊的商人,他们懂得国有企业的生产和经营、熟悉国有企业不同的业务。在做好生产和经营工作,使自己的企业在激烈市场竞争中获胜,高管负有不可推卸的责任。

2.7.1　政商关系提高企业价值

Wong、Zhang 和 Fan（2007）研究了 1993—2001 年在上海和深圳交易所上市的 A 股上市公司总经理的政府背景,并且分析了 IPO 公开招股前后他们对企业绩效的影响。三年后,有政府背景的公司与没有政府背景的公司相比,股票的市场价值较低,营业收入增长率、营业利润率、净利润增长率的财务管理等指标更差。同时,带有政治背景的首席执行官更倾向于聘请政府官员出任董事局成员,而不是具有专门知识和技术背景的专家。

罗党论和黄琼宇（2008）研究了 2002—2005 年在上海、深圳交易所上市的私营公司的 Tobin's Q 值,他们发现政商关系对私营关系有很大的影响。私营企业家的政治身份对企业绩效有显著的积极影响。在法制较弱的市场环境中,政治身份对提高企业价值更为重要（Li,Meng,Wang and Zhou,2008）。也有研究发现,拥有地方政府官员身份的企业高管相对于拥有中央政府背景的高管,更能提高企业的市值;并且政府背景的高管能够帮助企业更便利地获得银行贷款（吴文锋,吴冲锋,刘晓薇,2008）。

杜兴强、曾泉、杜颖洁（2011）根据研究案例发现,民营上市公司中政府背景的高管越多,企业进入管制行业的机会就越多。于蔚（2012）以 1999—2009 年所有的民营上市公司为样本研究社会关联对企业融资影响机制。研究结果表明,社会关联可以使民营企业更容易获得贷款融资支持。社会关联可以使得企业及时获得信息,减少了供给双方的信息不对称水平;社会关联可以使得民营企业的资源获取能力得到提高,有利于提高企业未来的总收益。

张功富（2011）以 2004—2009 年间 701 家上市公司作为样本,研究政府干预和社会关联对企业非投资行为效率影响。研究结果发现：政府的干预将会加剧国有企业自由现金流过度投资的影响；可以有效缓解资金制约企业的投资、特别是国有企业的投资不足。这表明，企业从自己的政策或政治目标出发，政府可能会妨碍或支持所控制的企业，政府的"掠夺之手"和"援助之手"提供了实证理论的支持。这项研究还发现，企业的社会关联和投资行为相关。

2.7.2　政商关系损毁企业价值

在经济转型时期，从不同的角度进行研究，以公司的董事长、CEO、监事会主席为核心建立社会关联指数。私营企业的社会关联和企业的财务指标、市场化指数、资金周转率都有着一定的关系（李维安和邱艾超，2008）。公司的社会关联越密切，所得到的政府支持就越大。社会关联给一些私营公司带来了很大的政策支持，同样也提高了公司经营水平，降低了风险。

邓建平和曾勇（2009）以中国私营上市公司为研究对象，分析发现私营公司的社会关联会对公司运营效率有负面影响。当公司真正的控制人拥有社会关联时，公司的经营水平会更低。研究还发现，企业社会关联对公司绩效的阻碍作用会随着政府干预力度的减弱和法律保护程度的增强而逐渐降低。从资本市场的角度来看，民营企业的资本投资是建立和保持社会关联的隐性成本。研究结果发现，有社会关联的私人公司的资本投资市场化程度相对较低（军连，刘星，连翠珍，2011）。

何德旭和周中胜（2012）发现，私有企业的社会关联与公司的员工数存在显著正相关关系，这种关系在制度环境差的地区更为明显；而企业的社会关联对企业价值未产生任何影响。调查结果表明，虽然企业社会关联可以从政府得到税收优惠、更多的银行贷款、政府补贴的支持，但是在利益实现的同时，企业也需要承担更多的社会责任，比如过多招收员工、缓解就业压力等。这显示了社会关联受到政府为实现扩大就业、促进社会稳定的目标而进行的政府干预。

肖浩（2010）发现，为了企业的声誉、地位等方面的政治利益，有政府背景的企业税收贡献总体上高于没有政府背景的企业。政治关系程度越高，企业的整体税负率越高。政府为了实现扩大就业和社会稳定将会进行较大的干预。因此，没有社会关联比有政治关系的企业会雇用更多的劳动力，支付更多的工资成本。拥有高度的社会关联的企业的员工中，往往有更大比例的成员有较高的薪酬。企业的非生产性支出的市场化低，过度投资水平会显著提高。一定程度上说,政治关系加强了过度投资水平。社会关联会让企业的生产效率低下,导致社会的资源分配效率低下。

2.7.3 双向影响

王庆文和吴世农(2008)以 1999—2006 年在上海和深圳证券交易所上市公司数据为研究样本,考察了社会关联对企业价值影响作用,政府对于国有企业发挥了"掠夺之手"的作用,公司的社会关联损害国有企业价值;政府对私营公司扮演"援助之手"的作用,企业的社会关联提高了私营企业的价值。

杜兴强、郭剑花和雷宇(2009)以 2004—2006 年民营上市公司为研究对象,研究了不同类型的社会关联对企业绩效的影响。结果表明,企业的代表委员类型的政治联系能够提高企业绩效,支持了"关系"理论的观点;但政府官员类型的社会关联降低了公司的绩效,支持了"政府干预"的理论。

潘红波和余明桂(2010)分析了社会关联对公司股东利益影响,有社会关联的公司股东的利润比那些没有社会关联公司股东利益要高很多,并且在经济发展越落后的地区,这种影响更为明显。总而言之,企业绩效不受政治关系的影响。投资者的资金不用于搞政治关系时企业的价值提高。

刘慧龙(2010)研究了公司有政治背景的高管发现,国有控股公司、拥有社会关联的公司的高管人员报酬绩效敏感性低于无政治背景公司的高管。这项研究说明,公司使用不同的具有高管政治背景的人,需要区别对待,不同的激励方式在不同的企业存在不同的效果。

2.8 社会关联下企业绩效影响因素

中国 40 年的"对内搞活,对外开放"的经济体制的改革,转型期经济使政府职能正在逐渐发生变化。用非市场化政治关系替代制度配置资源,加上资源的不均匀和不合理的分配,造成资源极大的浪费和使用效率较低。因此企业为了不受外部环境的影响而获得更多的资源,会谋求与政府建立政治关系。

在我国社会关联现象很普遍。近年来,企业家积极参与官方的政治活动获得应有的社会地位,如人大代表、政协委员等(Chen,2005;胡旭阳,2006;吴文峰,2005;余明桂,2008),企业聘请有政治背景的政府官员到本企业任职,同时被政府官员拒绝派驻企业的情况时有发生。由此可见,社会关联在中国是一项特殊隐形的制度,对企业的发展产生了重大影响。但在理论界,社会关联却是刚刚兴起的研究领域。现有的研究更多地关注社会关联与企业绩效,但研究角度和方法比较片面狭隘,结论并未形成共识。

2.8.1　产业和区域因素

某些行业拥有自然的社会关联,如国防、石油等关系到国家经济命脉的行业。这些行业的企业从社会关联中得到明显的收益,例如信贷、税收优惠、管控行业的准入、增加财政补贴等优惠政策。罗党论(2008)研究发现,有一种政治关系的企业外部融资受到的限制较少,在金融等领域中发展较低水平的地区,企业的政治关系对其融资有更多明显帮助。罗党论(2007)还发现,金融业和公用事业的社会关联都比较密切,这可能是金融行业对于当地实体经济运行和宏观经济调控的重要作用。此外,政府的公共服务对维护当地社会稳定和政府执政水平至关重要。

在同样的条件下,有政治关系的企业获得更多的优惠政策和照顾,这让竞争对手付出了惨重的代价,更方便得到庇护,企业的发展更顺利。张建军和张志学概述了与政府交往所带来的优势,包括当地政府可以提供某些商业机会(比如基建、政府采购),重要稀缺资源(比如土地),某些限制的放松(比如企业营业执照、许可证的发放、市场监督、商务管理、税务稽查等),以及对某些关键部门(比如银行)施加影响。

从宏观的角度来看,中国自1994年实行财政分权制度,中央部分财政权力下放给地方政府,以GDP考核作为正式晋升制度,形成了中国地方政府官员之间的竞争,直接促成了中国经济的迅速发展(林毅夫,刘志强,2000;周黎安,2004)。地方政府竞争是中国经济私有化进程的主要推动力量,私有化可以显著提高国有企业的纳税水平和创税效率(张维迎,栗树和,1998)。转型经济过渡期,国家的产权制度建立并不完善。拥有政治身份的企业家,能够加强政府与企业的互动,从而提高企业绩效。

地区的竞争可能会通过两种形式影响企业绩效:一种形式是直接财政支助,地方政府在其自己的利益驱动下,为了帮助企业获得上市资格,使用配股、增发权,通过减免税、税收返还、财政补贴等方式支持企业,帮助企业提高企业绩效性能,以满足监管部门制定的硬性指标的需求。地方政府对上市公司提供支持一方面可以制止本地资金的外流,另一方面也可以吸引其他地区的资金到本地区(陈晓,李静,2001;曹书军等,2009)。

地方政府常常对当地金融环境具有强大的影响,从而对该地区的企业绩效产生影响(张军,金煜,2005)。地方政府财政支出主要体现在基础设施、教育、科学研究、医疗服务和卫生保健。高水平的财政支出对于改善基础设施、人才素质、健康状况有推动作用，能够建立更好的企业外部环境，有利于提高企业的生产能力，间接提高企业绩效。

另外，有些学者从官员晋升激励的角度解释了地区竞争动力问题。设立官员晋升考核地区竞争制度，让官员成为"晋升锦标赛"的运动员。这一机制使得地方官员更有动力发展经济，采取各种手段吸引流动性资源要素，并且形成地方保护主义。

由于中国的市场经济并不完善，地方政府行为对本地金融环境具有深远的影响，从而会对该地区企业绩效产生影响。张军和金煜（2005）采用面板数据研究了中央和地方财政关系演变过程，以及地方政府行为和金融深化对各个地区经济效率变化的影响。他们通过分析 1994 年分税制改革之前和之后的财政支出和银行信贷流量，得出结论：财政分权改革总体上约束了地方政府对企业的直接干预行为，有助于地区经济的增长。但是分税制的引入更有利于发达地区的金融深化。落后地区的政府往往会增加对银行信贷的干预，从而不利于经济增长。

在地区竞争的基础上，地方政府或地方政府官员可能对企业行为产生影响。Jean COI(1992)研究了中国地方政府官员手中的权力是如何促进企业发展的，提出"地方法团主"（Local Srate Corporatism）的理论。他认为有两个制度因素促使地方政府扮演企业家的角色，它们是：中国的财政体制改革，大大提高了地方政府发展地方经济的热情；非农业集体化，使工业发展成为地方政府促进经济发展的重点。

中央财政受益于集权，其预算收入增长和经济增长的速度由于地方政府行为变化而大幅下降。这种成本费用是非常高的。在财政上，过度集中和过度分权都是消极不利的，找到其合理的平衡点非常关键。

综上所述，在微观层面，社会关联和政府行为对企业绩效产生影响。在宏观层面，社会关联下的区域差异和竞争对企业绩效有显著影响。作为一种区域竞争的结果，社会关联下区域因素对企业绩效有很大的影响。

2.8.2 企业特征因素

因为市场周期性波动、生存环境和科学技术的差异，公司之间的绩效差异难以在各国家、各阶段直至各行业之间开展横向和纵向对比。就转型经济过渡阶段的中国来说，公司之间绩效差异的成因在何处？是产业集中度，还是公司的所有制特性？Xu 和 Wang（1999）指出国家权力与公司绩效呈现负相关关系，因为政府的注重点在于社会效益、就业率等层面；但却倡导国家经过其合理的宏观管理，在公司存在风险时，开展必要的支持和帮助而对公司绩效所形成的正面作用(Sun，2002)。

对于这一问题，文献结论并不一致。譬如 Xu 和 Wang(1999)采用中国上市公司在 1993—1995 年期间的数据进行实证研究，得出了政府所有权与公司盈亏呈现负相关关系的结论。用股票市值进行回归分析研究对象，其结果却又显著不同。Sun(2003)采用中国上市企业在 1994—2000 年期间的数据，得出了政府所有权制度对公司股票市值有着负面影响的结论，在用营业收益率或利息率作为被研究对象时却未得出相同结论。同时众多研究人士指出政府所有制与公司绩效之间不存有一定的联系，例如采用在 1994—1998 年期间中国 2600 多家公司年度汇总报表的数据，指出两者间存在 U 形关系(Tia，2005)。

分析公司建立社会关联的目的和动机，经济学领域专家学者早已有多年的研究探讨，同时更加受到公众的关注和重视。Downs 指出，社会公众经过分析对比投入和产出的效益之间关系，决定政治干预的范围和方式，政治干预的宗旨在于对经济利益的考虑，同时也顾及物质方面的利益，进而寻找出最少投资来取得最大化效益的方式。Shleifer 等指出，政府官员自身将收取部分此类社会关联所带来的租金，政治家意愿必须是边际收益大于边际成本才能获得寻租的收益。Roberts 指出数据中官商关系的价值，参议员杰克逊意外去世后有关公司的股票价格的波动，得出与亨利相关的公司股票的价格明显降低；同时，与代替其胜任的参议员的相关企业的股票价格则显著上涨。此表明社会关联确实将制约公司的价值。

Fisman(2001)研究了印尼前总统苏哈托病情公布之后的事件反应，结果发现在事件公告后，市场对那些与苏哈托有着各种关联的企业集团及其控制上市公司出现了显著的负面反应，并且在印度尼西亚大概有 1/4 的企业价值来自苏哈托总统的政治关系。Jaya Chandran(2006)分析了 2001 年参议员 Jim Jeffords 决定离开共和党时的公告(这一决定意味着参议院的控制权由共和党转向了民主党)对一些相关公司造成的影响，他发现那些曾经支持共和党的公司的市值几乎缩减了 1%，而那些支持民主党候选者的公司的市值则显著增加。

国有公司和私营公司均非常注重与政府之间维持良好的官商政治关系。国有公司利用社会关联开展全面化的并购现象，体现在为了处理产权的无法移交而灵活处理，采用政治资源和政府机关的官员能够获取个人的收益的方式。私营公司采用社会关联开展全面化的并购宗旨在于规避行业阻碍。21 世纪以来，私营公司逐渐意识到社会关联的重要性，企业家通过获得某类政府权力来实现公司成长所需的资本，取得与政府官员一同商谈、打破行业阻碍、提供收益诉求的权力(胡旭阳,2006)。

中国是渐进式改革创新型的市场经济体制的国家,与欧美等国家相比,研究探索私营公司的社会关联,有益于从全球的视角诠释私营公司在各类体制不健全的前提条件下依旧可以迅猛成长的机理。吴文锋(2008)发现,在政府干预较多的地区,有地方政府背景的企业高管获得贷款比例显著高于没有政治背景的企业高管。有政治关系比没有政治关系有更多的银行贷款和长期债务期限结构(余明桂,2008)。高管具有较多的政府背景的公司,在适用所得税率和实际所得税率将显著低于高管没有政府背景的公司(吴文峰,2009)。

中国的央企公司、国企公司和私营公司都把社会关联放在比较重要的位置上,与此同时也在实现社会关联上取得更多的资金,进而希望获得国家的支持和帮助。罗党论(2010)等经过对私营公司参与政治背景的研究得出,在当地产权保障越差、国家管理控制越严、经济发展水平越缓慢,私营上市企业将更有动力去与国家产生社会关联,其动因在于此类社会关联对私营上市企业来说,是一类对市场不健全的代替保障体制。Fan 等将我国 IPO 上市企业作为分析对象,分析企业家的社会关联与公司价值之间的联系,较多的企业以国有上市企业作为核心。国有公司的社会关联是天然早已具备的,而私营公司的社会关联则是在公司到了一定成长时期,通过私营公司企业家使用各种手段、措施,才能够与政府官员发生的社会关联关系。所以,我国私营公司的社会关联,对公司价值的影响将起到举足轻重的作用和深远的现实意义。

第 3 章　假设模型

虽然社会资本对企业的经济影响在全球是很普遍的现象,但是在中国特殊的文化和制度背景下反映的则是一种社会关联。社会关联本质上具有社会关系、政企关系、官商关系、管理关系、分配关系等含义。本书研究社会资本对上市公司的经济影响的内在本质关系,关注以下四个方面:过度投资、盈余操纵、优惠政策(财政补贴和税收优惠)和企业绩效。

3.1　过度投资

过度投资是指投资于净现值小于零的项目,降低了资金配置效率,是一种低效率的投资决策行为。

许多学者都做过这方面的研究,结果表明,企业的社会关联关系是过度投资的重要驱动动因之一。Shleifer 和 Vishny(1994)通过研究发现,政治家和企业家利益驱动动因是各不相同的政治目标,主要是对利益目标的需求不同,两者之间存在着较大的反差,政治家的最终欲望是获取较多的政治资本目标,他们希望增加本地区的就业机会、提高人民的物质和文化生活水平,通过这些社会目标来实现他们隐蔽而潜在的政治目的;而企业家的利益目标是为了使企业创造更多的利润,追求利润最大化。官商之间的这种社会关联的必然结果,必定会造成企业家为政治家承担部分的政治目标任务,从而在政绩工程投资方面投入很多,同时更容易进行多元化的扩张,结果就是企业在经营方面偏离理性行为的可能性更大。

Boubakri Cosset 和 Saffar (2008)分析比较了 41 个国家不相同的企业数据,通过研究他们发现,发生了社会关联关系的企业绩效比没有发生社会关联关系的企业更低,原因可能是有发生社会关联的企业高管抱有侥幸心理的原因,导致企业进入了错误的行业,从而引发了过度投资。Claessens、Feijen 和 Laeven (2008)通过对巴西的公司的数据进行了研究,他们认为,有过政治捐赠的公司是有社会关联的,通过对这些公司绩效的研究发现,这些公司一方面通过政府部门的帮助,获取了更多的信贷资源,从而加大了公司的投资力度,另外,这些公司在投资效率方面不如其他的公司,研究结果表明,社会关联会导致企业价值较低、绩效较差。

梁莱歆和冯延超(2010)采集了 2006—2009 年 A 股上市的民营企业的数据,希望通过实证分析研究社会关联是否会引发企业过度投资行为。他们认为,政治关系是引发企业过度投资的极为重要因素,如果企业具有政治关系,则企业有着更为显著的过度投资水平。研究结果反映了政治关系与过度投资相互之间存在着正向的影响力,企业的政治关系越多越密切,企业越容易引发过度投资。张兆国、曾牧和刘永丽(2011)分析了 2005—2009 年上市公司的经验数据,研究社会关联对企业投资行为是否具有影响,他们的研究结果发现,社会关联会导致企业更容易过度投资,特别是在企业的商标、专有技术和重点项目投资方面,但是对于企业的长期资产和高科技投资,没有产生实质性的影响;有社会关联背景的企业,其投资偏好排在第一位的是独立自主研发的知识产权资产投资,接下来是长期资产投资和科技创新投资。

蔡卫星、赵峰和曾诚(2011)搜集了 2007—2008 年 A 股 586 家主板市场上市的民营上市公司的样本数据,研究了企业的社会关联关系对企业投资行为的影响。他们发现,如果企业具有社会关联,则这部分企业在投资方面的支出会更多;社会关联会影响到企业的经济增长速度,同样对企业过度投资水平产生重大影响,如果有社会关联的企业大环境良好,经济增长速度很快,则会弱化社会关联对企业的过度投资水平的影响;对于有社会关联的企业,如果产生了过度投资,则规模经济也会在一定程度上影响企业的过度投资水平,并且企业规模越小,企业过度投资水平越高。

政府官员参加的访问活动是企业构建政治关系的可能途径。对企业而言,通过政府官员的访问,能够获取更多的政府补助,从而获取社会资本方面的优势。具体来说,一方面,建立政治关系的途径是多种多样的,除了现有文献中广泛提及的聘请有从政经历的官员担任公司高管,政府官员的访问活动同样是构建政治关系的一种可能的方式。政府官员通过访问企业,有利于加强政府与企业之间的各种合作关系,减少双方的陌生感,帮助建立亲密的政企关系,提高企业与政府之间的合作默契,更便于企业进行资源寻租,从而在争取政府补助过程中获得更多的政府保护和支持。

另外,政府官员的访问行为本身具有重要的政治意义,因为官员往往选择访问的企业都是有示范效应的行业标杆企业,访问活动传递出被访问企业是重点资助对象的信号。出于地方经济发展的考虑,政策资源分配的职能部门在制定政策时会有所倾斜,受到访问的企业在争取资源的过程中,也可能享有更多的关照。因此,相对于没有官员访问的企业,有官员访问的企业更有可能获得政府补助。而且,企业受到官员访问活动越频繁,说明企业与官员之间的关系越密切,企业越可能是标杆企业,企业获得的政府补助就可能更多。

上述学者的研究结果发现,企业如果具有社会关联,则企业在投资支出方面和把握投资机会方面,敏感性会明显不如没有社会关联的企业。并且具有社会关联的企业在过度投资水平上,会明显高于没有社会关联的企业。政府官员的访问,虽然会提高企业的投资效率,但是,也会造成对企业的投资方面和现金流量方面敏感度的影响,这种效应在地方政府表现得更为显著。企业的社会关联增加了企业过度投资的规模和水平,同时也降低了企业的公司价值。

本节首先按照社会资本事件数据样本进行纵向比较分析,其次,按照事件发生年份、企业规模、所在行业三个要素对这些企业开展横向比较。

因此本节提出如下假设:

H1:社会资本引起对该企业的过度投资。

H1a: 对不同所有权的企业(国企与非国企),社会资本对企业过度投资的影响不同。

3.2　盈余操纵

盈余操纵是公司管理层出于某种动机选择调整公司盈余,对公司盈余进行操纵的一种行为。由于国家法制的不健全,甚至存在某些较大的漏洞,有些企业为了实现自身的某种效用,使公司的价值最大化,公司管理层利用法规的不健全性和漏洞,通过某种不正当的手段,违反国家的法律、法规和政策,操纵企业的财务利润和企业的获利能力。

国内外对于政府和企业的关联关系、对企业盈余操纵的研究文献很少。陈晓和李静(2001)是最早在这一领域研究政府对企业盈余操纵的学者,他们分析了地方财政行为对企业绩效动机、手段和作用的影响,在资本市场的竞争资源,地方政府积极参加了上市公司的盈余操纵活动。Healy和 Wahlen (1999)认为,盈余操纵是指企业管理当局通过某些手段编制虚假的财务报告;通过发生交易,擅自更改财务报告,更改的财务报告虚假报告了公司的经营绩效,以此误导以公司绩效和会计报表数字作为决策依据做出决策的利益关系人,进而造成企业的不良后果。林长泉、张跃进和李殿富(2000)指出,盈余操纵是以对外公布的会计信息为载体,通过采取合法、不合法的手段,对披露的利润信息进行事前有意的加工和处理,以得到期望的报告利润,企业借此实现其行为主体的预定目的。在公认会计准则下,企业可以采用会计技法等虚增报告盈余操纵,从而暂时提高企业价值,误导投资者的投资决策。

Kohtari 和 Robin（2000）发现社会关联降低了会计信息质量，造成了所谓的公司会计信息失真，指的是公司发布的财务报表上，公司利润数据错误，对公司过往的和现有的经济效益、未来的经济前景描述全部或部分不具有真实性。廖以刚和王艳艳（2008）通过研究发现，这种公司会计信息失真会增加企业信息风险和企业的政治风险，特别是被地方政府控制的公司，更容易导致一些对企业不利的消息被压制隐藏起来，造成较高的不可控风险。

Ahmed 和 Riahi-Belkaoui（2004）的研究成果表明，企业是否发生盈余操纵的数量，在一定程度上与企业是否有社会关联呈正相关关系；而与企业所占的市值比例和法律实施的程度呈负相关关系；与企业的披露水平，每一万个人当中审计师有多少数量，是否采用国际会计准则没有非常显著的关系。这一研究结果说明，一般而言是政治环境影响了会计质量，而且不会是非技术环境。另外他们还发现，如果企业具有社会关联，则企业的管理者对企业面对的市场压力敏感性更低，管理层甚至不去思考如何提高企业的信息质量，这使得这些企业对外界发布的企业的盈余质量，会明显低于同类没有社会关联的企业。此外，企业的社会关联的强弱对企业的盈余质量也有影响，社会关联越强的企业，企业的盈余质量越低。

经济学家的研究表明，目前中国的市场经济在某种程度上与政府存在紧密联系，我们称之为"权力经济"。Young（2000）通过分析丝绸等行业发现，因为中央政府的计划经济体制的重大改革、经济发展中仍然存在着分割恰当相配合的机会寻租，这种寻租机会造成了经济的扭曲。在政府手中控制着基础设施建设项目、大量的资金、土地资源、能源资源等。而这些资源对于企业来说无比重要，其对企业的生存和发展具有决定性的作用。

此外，中国法制法规制度的建设不够完善，市场经济体系有待于进一步加强。政府在制定某些政策方面，政府政策的执行力度方面，存在不稳定的状况。企业为了在某种程度上降低这些风险，他们认为有必要与官员保持一定程度上的紧密关系，为企业获取更多的政策倾斜，在政策调整时，能够起到提早知道相关政策调整的信息，取得相应的缓冲期和保护作用。而且中国的情况是，如果一个企业具有良好的企业绩效，对外会计报表上的数字吸引需求者，说明企业有充分的盈余能力，这些有助于企业和政府保持良好关系，从而争取到更多的政策和资源，因此，不少企业会热衷于盈余操纵，把表面上的"数据"做得更加好看。

樊纲（2011）的研究结果表明，企业所在地的天然资源优势、地理位置、国家政策等方面存在着很大差异，造成了中国东西部地区、经济发达与不发达地区市场化程度和政府干预程度的巨大差距。如果一个地区的市场化程度越低,这个地区的政策变化越具有不确定性,政府部门和相应的执法部门的工作更具有不透明性和规范性,由此带来更多的不确定性,这个会加剧当地政府干预该地区的经济活动的程度。吴文峰等学者通过研究发现,当地政府对市场的干预程度,会影响当地企业的公司价值,对于具有高管政治背景的企业更加明显。政府对市场干预越多,企业高管政治背景越能发挥作用,公司价值也越能显著提升。因此,在市场化程度越低的地区,有社会关联的企业越容易发生盈余操纵。

李秀玉(2009)通过实证发现,国有上市公司所处地区政府干预程度与企业盈余管理操纵程度呈正相关。财政补贴是上市公司利润结构中的重要的组成部分,地方政府利用对企业财政补贴实现盈余操纵。地方政府为发展本地经济,有倾向性地支持本地亏损严重、濒临破产的企业,使它们扭亏为盈,通过地方保护政策,给这部分企业财政补贴、税收减免和返还的政策优惠,使企业获得上市的资格,变成上市公司(IPO)。吸收广大公众投资者的资金,对地方经济有益无害。为了保住本地上市公司维持中求得发展,防止被国家监管部门处罚,更为严重的摘帽退市(ST),形成地方保护主义,因此出现了地方政府参与上市公司盈余操纵以美化报表达到经济效益最大化的现象。事实证明,地方政府采用优先分配稀缺资源,利用政府宏观调控措施和手段,使得上市公司优先获得融资的便利,这种政企之间的社会关联关系,在一个共同的利益目标的驱使下,地方政府通过对于企业的财政补贴、税收优惠政策,政府在不知不觉中参与了企业的盈余操纵。

因此本节提出如下假设:

H2:社会资本引起该企业的盈余操纵。

H2a:对不同所有权的企业(国企与非国企),社会资本对企业盈余操纵的影响不同。

3.3 优惠政策

很多学者的研究结果发现,社会关联企业是为融资提供便利的途径之一。亚洲金融危机后,Johnson 和 Mitton(2003)对马来西亚资本控制的状况进行研究发现,在资本控制条件下,如果公司与马哈蒂尔总理具有社会关联,则该公司在银行贷款方面可以得到便利。类似的,Khwaja 和 Mian(2005)通过研究发现,在巴基斯坦,在贷款数量方面有社会关联的企业是没有社会关联企业的两倍;在违约概率方面,有社会关联的企业比没有社会关联企业高出 1/2。Claessens、Feijen 和 Laeven(2007)通过研究发现,社会关联对银行给企业贷款方面造成了巨大影响,如果企业进行了政治捐献,那么这些企业在获得银行贷款方面将更加便利,因为社会关联,导致了银行将资金贷给了一些绩效不好、没有效益的企业,导致了社会资本的不合理分配,造成了社会资本的浪费,这种不合理的银行贷款造成了整个国家在两届选举期间至少 0.2% 的 GDP 损失。

中国也存在类似的情况,中国政府控制下的国有银行主导了金融的资源配置,政府和企业之间的社会关联同样能够造成贷款和融资的便利(Li,2008)。罗党论(2008)以及余明桂和潘红波(2008)通过对民营企业的融资进行了研究,发现民营企业如果有社会关联,在融资方面,该企业就能更有效地进行融资,减少面临的融资约束,在经济越不发达的地区,表现得越为明显。王雄元和全抬(2011)研究了社会关联在民营化的国企融资方面的影响,他们的研究任务主要集中在企业的融资上,企业与中央政府的社会关联和地方政府的社会关联所起到作用显然是不相同的。上述研究结果都表明,在法制不健全、司法不完善的国家和地区,当企业认为法制体系无法为他们提供足够的、有效的保障的时候,他们会寻求和政府之间的社会关联,进而降低企业的不确定性风险,增加银行给企业的贷款,从而获得更多的社会资本。

学者通过研究发现,社会关联关系能使企业在获得政府补助和税收方面,取得优惠政策具有正向的影响作用。陈冬华(2003)通过建立模型研究,在有政府背景的上市公司获得的政府补贴,证实地方上市公司的政府补助收入现状。De Soto(1989)年通过研究发现,有社会关联企业在缴纳税收方面比没有社会关联企业少。Faccio、Masulis 和 McConne (2007)分析了 1997—2002 年间 35 个国家中的 450 家公司,这些企业已通过了一项社会关联获取更多的政府补贴,他们的研究结果表明:(1)企业在陷入财务危机困难的时候,可能更多地得到政府补助;(2)企业有社会关联背景,那么更容易得到政府补助;(3)如果这些国家有时候得到国际货币基金组织、世界银行的支持,企业有社会关联背景更容易得到政府补助;(4)企业当中获得的政府补助,有社会关联的企业当年的企业绩效不仅在接受政府补助的当年下降,而且在接下来的两年中也会继续下降。

上述的文献研究结果表明,官员访问企业、企业和政府之间的社会关联,虽然会使企业在获得政府补助和税收方面带来优惠,但是不可避免地使企业承担了另一种政治风险。此外,在第 2 章的文献综述中我们已经指出,企业建立的社会关联有助于降低其交易成本。

目前,中国的经济改革已经取得了举世瞩目的重大成就,不同于其他国家,中国的国有企业自始至终保持着很高的比重,国有企业的改革在整体经济改革中起重要的作用。因此,政府给国有企业补助收入占政府补助支出很大一部分,在这种经济体制下,取得成功的企业家,除了传统的天时、地利、人和及个人能力以外,私营企业家的政治背景有很大作用的影响,如果企业家的社会关联丰富,则企业能更好地处理和政府之间的关系。一般而言,企业家有两种方法进行这种社会关联:一种是请政府官员来企业访问,甚至担任一定的职务;但是,另一种思路是加入政府的政治活动,深入了解政府的经济政策,这主要是政府在做出经济决策的时候能够参加,官商之间从而建立起密切的联系。

上述两种方法都能很好地使企业建立与政府的联系。企业希望官员来访问,一方面可以树立公司的形象和品牌;另一方面可以引起新闻媒体的关注,让企业为大众所认知,从而扩大企业的影响。特别重要的是企业受到政府官员的访问,通过这一活动向社会传递一种信号,企业拥有很多的政治资源,具有强大的发展潜力,从而塑造更好的企业形象。从官员的角度而言,在某些时候,他们需要与企业建立联系,企业如果有良好的绩效,政府官员更容易达到他们的政治目标,从而获得更多的政治资本。

因此本节提出如下假设:

H3:社会资本提升该企业享受的政策优惠。

H3a:对不同所有权的企业(国企与非国企),社会资本对企业享受的政策优惠的影响不同。

3.4 企业绩效

在文献综述中关于社会关联与企业绩效,国内外的研究结果都充分表明了社会关联会对企业绩效造成影响,有正向的也有负向的。社会关联的现象在中国上市公司中较为普遍,作为非正式制度替代,社会关联促进了企业自身发展(田利辉和叶瑶,2013)。社会关联并不能提升企业绩效。社会关联与企业绩效间的负向关系还受到企业所在地宏观制度环境与微观治理特征的调节:企业所在地的市场化程度越高、企业治理结构较完善、管理层更具有现代管理知识和市场意识的情况下,社会关联对企业绩效的影响越小(邹国庆,倪昌红,2010)。

对于处于计划经济向市场经济转型时期的中国,市场经济逐渐成为主旋律,但是,政府对市场经济的管制力度仍然非常大,社会关联有着充分发挥作用的舞台。因此,企业希望政府官员到访,正是由于官员在企业和政府之间建立社会关联的过程中起到重要作用,如果企业有了政府背景的支持,企业就具有更大的发展空间。从构建企业形象而言,通过政府官员的访问,企业可以得到媒体和公众的关注,借此提高企业的知名度,并借助社会关联来宣传企业。企业和政府官员在访问的过程中可以充分地进行沟通，而这种沟通在企业塑造良好形象的时候起重要作用。一般而言，在相同的条件下，企业的政治背景越强，企业与政府的沟通就会更容易，从而更容易获取政府的补助和政策支持，获得更多的社会资本，让企业更有利于发展壮大，从而提升企业的绩效。

企业热衷于邀请政府官员来访，还有其他的一些原因，例如，政府官员来访的时候，通常会带来一些在公司治理、市场规划方面的利好消息，这可以使企业在市场竞争中取得"先机"。在政府官员访问的时候，一般会有一系列相关部门的官员跟随前往，例如发改、商务、财政、国土、环保等部委，这些跟随的官员给企业提供了建立社会关联网络的良好时机。这些关系网络将在企业与政府部门打交道的时候，提供很多便利。例如，企业与领导人的合影，可以让大家认为企业是有政治背景的，在与政府相关部门打交道的时候，企业可以得到更多的关照，甚至在融资方面、进入管制行业方面、政府补助方面、税收方面会取得更多的政府支持。

在引言中提到的 2014 年 4 月北京市市长考察首钢京唐公司的案例也从一个角度反映了有社会资本能够给企业绩效带来正面的效益。社会资本对企业的绩效有显著的积极影响（罗党论，2010）。

因此本节做出如下假设：

H4：社会资本提升该企业的绩效。

H4a：对不同所有权的企业（国企与非国企），社会资本对企业绩效的影响不同。

3.5　本章小结

综上，本研究提出四个假设（表 3-1），分别在第 5 章至第 8 章进行检验。

表 3-1　假设模型（Hypothesis model）

假设	章节
H1：社会资本引起对该企业的过度投资 H1a：对不同所有权的企业（国企与非国企），社会资本对企业过度投资的影响不同	第 5 章
H2：社会资本引起该企业的盈余操纵 H2a：对不同所有权的企业（国企与非国企），社会资本对企业盈余操纵的影响不同	第 6 章

假设	章节
H3:社会资本提升该企业享受的政策优惠 H3a：对不同所有权的企业（国企与非国企），社会资本对企业享受的政策优惠的影响不同	第7章
H4：社会资本提升该企业的绩效 H4a：对不同所有权的企业（国企与非国企），社会资本对企业绩效的影响不同	第8章

第4章 数据和度量

4.1 数据及来源

本章搜集了 2003—2012 年期间沪深股市上市企业发生社会资本关联行为和事件的数据。数据采集方法如下：首先，从 CSMAR 数据库中查找上市公司名单，共查出 2460 家上市公司；其次，对于 2460 家上市公司，从企业网站、各大新闻网站等渠道查找是否在此期间有建立社会资本关系的公司；最后，为了确保搜集数据没有遗漏，以企业名称和法定代表人、知名度较高的高管名字为关键词，利用百度搜索，确定该企业是否有发生社会资本关联的行为和事件出现。通过以上三个步骤发现，2003—2012 年间，上市公司有社会资本关联的行为和事件总共 307 次。确定了取得有社会资本关联的企业以后，通过查询 Wind 数据库（http://www.wind.comcn/en/Default.html），得到了公司总经理、董事长及董事会成员的个人简历及行政级别等公司深度背景资料。对于其中的缺失个人简历则通过查找公司招股说明书、上市公告书、年报、股东大会公告和董事会公告进行获取。

4.2 变量的定义及度量

围绕着企业和政府的社会关联课题研究，国内外学者已从多个角度进行研究，为后续研究者提供有参考价值的文献。在已有文献研究基础上，本书定义和度量相关变量如下。

4.2.1 解释变量

4.2.1.1 社会资本（Social Capital）

本章将公司高管的社会背景关系，是否是人大代表、政协委员、各民主党派成员，是否有过政府部门工作的经历，政府部门的工作人员到企业进行实地调查研究而彼此互相之间建立起来的社会资本关系产生的行为和事件定义为"社会资本",通过对每家上市公司的网站中披露的公司大事记进行逐个搜索,检索到企业的这种社会交往关系,则记录为该公司一年度发生社会资本的样本。为了考察社会资本对企业的影响,将发生这种社会资本关联行为和事件的年份赋值1,其他为0,由此形成社会资本变量 Social Capital。

4.2.1.2 发生频数

当年发生社会资本关系行为和事件的总次数。比如一年发生两次以上,则该指标的值为2。

4.2.2 被解释变量

4.2.2.1 过度投资与投资不足

在第5章中主要研究分析社会资本是否引起企业的过度投资,为此文章中将过度投资作为第1个被解释变量。Richardson(2006)、辛清泉等(2007)对过度投资进行计量,他们利用模型通过估算企业正常的资本投资水平,然后用回归残差表示投资异化的代理变量,残差大于零为过度投资,残差小于零为投资不足。由 Richardson(2006)开创的这一模型在 Verdi(2006)等研究中得到了应用。本书亦采用 Richardson(2006)的模型来计量投资过度和投资不足程度。该被解释变量的详细介绍请参考本书第5章。

4.2.2.2 盈余操纵

在第6章中主要研究分析社会资本是否引起企业的盈余操纵,为此文章中将盈余操纵作为第2个被解释变量。

盈余操纵属于盈余管理的一部分,计量盈余管理的主要模型有如下两种:应计利润总额法和应计利润分离法。由于应计利润总额法的局限性,本书采用了当前盈余管理实证研究中最为常用的方法之一的应计利润分离法,本书第6章中,分别使用面板数据和分年度分行业的数据对进行修正的 Jones 模型建模,利用回归残差作为衡量操控性应计利润的代理变量,残差大于零时就视为存在操控性应计利润,以回归残差大于零的值为本书使用的盈余操纵指标 ZXDA,得到了衡量盈余操纵水平的代理变量 ZXDA,针对不同的角度,对盈余操纵水平的代理变量 ZXDA 进行分析。详细的介绍请参看第6章。

4.2.2.3　政府补助和税收优惠

在第 7 章中主要研究分析社会资本是否提升该企业享受的政策优惠，为此文章中将企业享受的优惠政策作为第 3 个被解释变量。

企业享受的优惠政策主要有政府补助和税收优惠，因此实证中将这个被解释变量分成两部分：政府补助（Subsidy）和税收优惠（Tax Rate）。在第 7 章中使用 Wind 数据库披露的"政府补助—其他业务收入"的数据，并使用总资产标准化后作为被解释变量。如果企业获得了更多的税收优惠，则直接的表现就是企业实际税负更低，为此，我们使用企业实际税率作为被解释变量，考察社会资本对其的影响。详情请参看第 7 章。

4.2.2.4　企业绩效

在第 8 章中主要研究分析社会资本是否提升该企业绩效，为此文章中将企业绩效作为第 4 个被解释变量。

企业绩效指标的界定。衡量上市公司绩效的指标有很多，主要有两类：第一类是反映上市公司市场价值的指标，如股票价格、市净率、市值、股票回报率、托宾 Q 值（Tobin's Q）等，其中托宾 Q 值是国际上多数学者最常使用的衡量指标。第二类是反映上市公司账面价值指标，如主营业务收益率、总资产收益率（ROA）和净资产收益率（ROE）、净利润率（ROS）、资产周转率（AT）等。本书考察社会资本对企业绩效的影响时，分别使用 Tobin's Q、总资产收益率 ROA 作为被解释变量（表 4-1），考察社会资本对企业绩效的具体影响，详情请参看第 8 章。

表 4-1　被解释变量说明

Overinv	过度投资代理变量
ZXDA	盈余操纵代理变量
Tax Rate1	实际税率 1：详见书中说明
Tax Rate2	实际税率 2：详见书中说明
Tax Rate1w	缩尾后的实际税率 1：对 Tax Rate1 上下 1% 缩尾处理
Tax Rate2w	缩尾后的实际税率 2：对 Tax Rate2 上下 1% 缩尾处理
Subsidy	政府补助：为 Wind 数据库中披露的政府补助总额
Subsidyw	等于政府补助 Subsidy/期末总资产
Tobin's Q	Tobin's Q 值，反映了企业的价值
ROAw	资产收益率＝净利润/期末总资产

4.2.3 调节变量

自从中国市场经济体制建立以来,企业成为市场经济的主体,实行"谁投资,谁受益"的产权保护制度。关于我国的公司制度,根据《公司法》的规定:有限责任公司和股份有限公司是最基本的两种类型。至此,中国公司以市场为导向,逐步建立起"产权清晰、权责明确、政企分开、管理科学"的现代企业制度(Modern Enterprise System)。根据《企业国有资产法》的规定,国有出资企业又分为独资、控股、参股等不同的国有公司类型。另外,有的学者将企业所有制划分为三类:全民所有制企业(国有企业)、集体所有制企业和私人企业。根据国家统计局网站的"统计标准""关于统计上划分经济成分的规定",中国经济中的所有制成分主要有国有经济成分(国有经济、集体经济);非公有经济成分(私有经济、中国港澳台经济、外商经济)(表4-2)。

数据表明,2003—2012年间企业发生社会资本关联的行为和事件307次,其中,国有企业206次,非国有企业101次。本章选取了企业所有权性质作为调节变量(SOE)。国有企业取值1,否则为0。

表 4-2　调节变量说明

SOE	所有权性质:当企业的实际控制人性质为国有时,取值1,否则为0
SOE×Frequency	SOE×Frequency
SOE×Social Capital	SOE×Social Capital

4.2.4 控制变量

公司绩效的影响因素较多,研究表明,股权结构、所有权性质、资产规模、资本结构、行业结构等均会影响公司绩效。具体变量(表4-3)主要有以下几个。

4.2.4.1 第一大股东持股比例(CR1)

目前,很多研究一般都采用第一大股东持股比例,对股权结构的度量,第一大股东持股比例高的现状在中国民营企业中较为普遍。而且第一大股东如果持股比例高,对企业价值会有很大的影响。首先,大股东会通过对企业的所有者权益营私舞弊侵害小股东的利益；其次，大股东在董事会具有控制权和决定权，通过这种权力在操纵董事会上的决议、高管的任命权，公司的治理被实际控制人操纵，这些行为都会影响公司战略决策和运营，致使对企业绩效造成很大的影响力。

4.2.4.2　公司规模（Size）

对于企业而言，一般来说总资产的数值在公司的会计报表中都比较大，学术界在财务会计领域做研究时，不利于使用数理统计进行数据分析。所以，在企业规模研究的时候，企业的规模一般都会以总资产取自然对数表示。研究结果表明，企业规模越大，企业更容易融资，筹措资金方面更具有优势。同时企业规模形成行业壁垒，提高了竞争对手的准入条件。

另外，公司规模会影响企业的运营效率，会加剧代理冲突的问题，同时，也会加剧企业多元化经营的成本，这无疑会降低公司的价值，给企业绩效带来负面的影响（Morck，Nakamura and Shivdasan，2000）。

4.2.4.3　财务杠杆（Lev）

财务杠杆是反映企业偿还债务能力的指标，一般定义为总资产负债率，等于负债总额/资产总额。财务杠杆越低，表明企业偿还债务能力越高。总资产负债率要保持适当的比率。当总资产负债率偏低，债权人的资金利用率不高，未充分利用资金进行经营活动。当总资产负债率偏高，企业偿还债务的压力加大。中国市场上没有一个具体的标准。一般而言，总资产负债率第一产业为 20%、第二产业为 50%、第三产业为 70% 比较合理。

总资产负债率对企业经营有多方面的影响。首先，债务融资可以起到税盾的作用，可以降低企业经营的成本。其次，企业的负债可以降低企业股东与企业管理者的成本，企业在自由现金流量和清算决策的矛盾与冲突中流动，提高企业价值和降低代理成本中转移。最后，总资产负债率高的企业未来偿还债务的压力很大，主要是增加企业的财务的不可控的风险，对企业的进一步发展也很不利。

4.2.4.4　高管的社会资本

所谓社会资本，是指个体在资源环境中与社会系统连接的互动过程中，通过各种参与而产生社会行动的个体性权力。Faccio（2006）定义企业与利益相关者的社会关联，他认为公司的控股股东或高管如果是国会议员、总理，企业就有社会关联，如果企业与政府高层或者政党有联系，则企业也具有社会关联。Betrand(2004)等定义企业与社会的政治关系,他们认为精英学校毕业出来的学员担任公司的 CEO,如果公司的 CEO 曾经担任政府部门的官员,现在还在任职的,那么这个公司就具有社会关系。陈冬华(2003)和 Fan(2007)等利用董事会成员中具有政府背景的董事比例来描述企业的政府背景。

在本节中,采用与罗党论(2008)的度量方法,核查董事会成员是否(包括曾经)是人大代表、政协委员或者在政府部门任职。如果是,则认为该企业具有社会资本背景,否则,认为该企业不具有社会资本背景。

表 4-3　控制变量

变量	代码
大股东占款,等于其他应收款/总资产	OREC
高管薪酬	COMP
高管持股比例,等于全部高管持股数量/总股本	MSP
净资产收益率	ROE
规模:总资产取自然对数	Sizew
第一大股东持股比例:等于第一大股东持股数量/总股本	CR1
资产负债率:总负债/总资产	Lev
资本密集度:固定资产/总资产	Capintw
投资密集度:等于存货/总资产	Invintw
企业高管的社会资本(是否是人大代表、政协代表,是否有政府工作经历等)	Political
行业:除了 C 开头的行业使用两位代码外,其他使用大类代码,具体见《证监会行业代码说明》2001 版	Ind

关于表 4-1～表 4-3 的说明:

(1)后面带 w 的均为缩尾后的指标。其他未列入本表的指标,可以从书中查到。如果在书中没有出现的,可以忽略。

(2)Ind 代表行业,具体对应的字母表示行业大类,但制造业因为公司数量比较多,所以代码取到第二位,具体见《证监会行业代码》2001 版。

4.3　描述性统计

4.3.1　频数分析:行业、所有制、地区

我们得到了 2003—2012 年期间沪深股市上市企业的数据。2460 家上市公司中,研究期间企业的社会资本关联事件 307 次(206 家企业)。其中,3 家总是出现的频率(多于 7 次),占 0.12%。37 家企业经常出现的频率(多于 3 次),占 1.42%。113 家企业偶尔出现的频率(1 次或者 2 次),占 4.60%。2310 家企业从未出现过,占 93.90%。

表 4-4　发生频数

访问次数	频率	百分比/%	有效百分比/%	累积百分比/%
0	2310	93.9	93.9	93.9
1	89	3.6	3.6	97.5
2	24	1.0	1.0	98.5
3	13	0.5	0.5	99
4	6	0.2	0.2	99.3
5	10	0.4	0.4	99.7
6	5	0.2	0.2	99.9
7	1	0.0	0.0	99.9
8	1	0.0	0.0	100.0
12	1	0.0	0.0	100.0
合计	2460	100	100	

从表 4-4 可以得出企业出现次数的加权均值为 0.12。由于出现次数为 0 次的频数太大,导致所得加权均值不具备代表性。有社会资本的 206 家公司的出现次数加权均值为 2.05(图 4-1)。

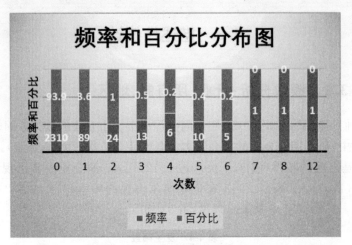

图 4-1　企业的社会资本关联行为和事件次数分布情况

表 4-5　有社会资本关联行为和事件的企业的行业归属

企业的行业归属	频率	百分比/%	有效百分比/%	累积百分比/%
制造业	257	83.7	83.7	83.7
电力、热力、燃气及水	8	2.6	2.6	86.3
建筑业	7	2.3	2.3	88.6
采矿业	6	2.0	2.0	90.6
交通运输、仓储和邮政	6	2.0	2.0	92.6
信息传输、软件和信息	6	2	2	94.6
文化、体育和娱乐业	5	1.6	1.6	96.2
农、林、牧、渔业	3	1.0	1.0	97.2
综合	3	1.0	1.0	98.2
租赁和商务服务业	3	1.0	1.0	99.2
批发和零售业	2	0.7	0.7	99.9
房地产业	1	0.3	0.3	100.2
合计	307	100	100	

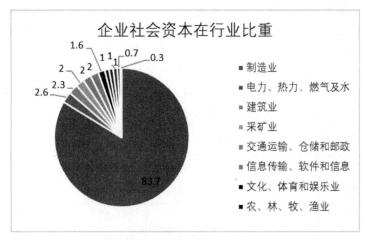

图 4-2 企业社会资本在行业中的占比

企业发生社会资本关联行为和事件的 307 次中,制造业出现事件 257 次,占 83.70%。其他行业出现的次数基本差别不大,并且次数相对较少。出现次数最少的是房地产行业,仅出现过一次,占 0.3%。可以看出,社会资本对制造业非常重视。制造业在国民经济中能够集中体现一个国家的工业化和科技化水平,为国民经济命脉提供支撑,例如航天、冶炼、钢铁等,都集中体现了工业现代化水平(图 4-2、表 4-5)。

表 4-6 社会资本企业的所有制分类

企业性质	频率	百分比/%	有效百分比/%	累积百分比/%
国企	206	67.1	67.1	67.1
民企	101	32.9	32.9	100
合计	307	100	100	

图 4-3 企业的社会资本所属性质占比

企业发生社会资本关联行为和事件的 307 次事件中,国企是重点,出现的次数比民企多一倍(206 vs 101;67.1% vs 32.9%)。国企是国民经济的支柱,国家的产业政策希望通过国企带动整个国家企业经济的发展转型。国企在国家经济命脉中占据不可替代的作用,当前国企改革处在风口浪尖,有很多艰巨的任务需要完成,国家通过社会资本的合理分配利用能够为推动改革提供支持(图 4-3、表 4-6)。

表 4-7　所属区域

所属区域	频率	百分比/%	有效百分比/%	累积百分比/%
东部	145	47.2	47.2	47.2
西部	83	27	27	74.3
中部	79	25.7	25.7	100
合计	307	100	100	

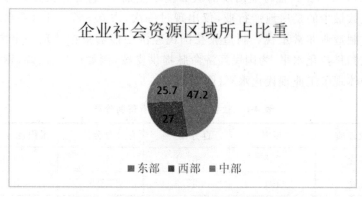

图 4-4　企业的社会资本所属区域所占比重图

企业发生的 307 次事件中,西部、中部、东部分别为 83、79、145 次。东部上市企业比较集中,有很多与国民经济命脉相联系的企业,是国家工业化水平的体现,国家更加关注东部地区的企业发展。社会资本的分配向东部地区的公司倾斜,有利于促进东部地区公司的发展,带动当地经济,从而有效地推动西部大开发战略的进程。在国家的大政策方针中,东部相比于中西部地区,在国家经济发展中具有更重要的地位。国家希望东部地区优先发展,带动中西部地区的经济状况改善(图 4-4、表 4-7)。

总之,制造业发生这类似的社会资本行为和事件次数明显多于其他行业。国有企业也比民企更容易被国家重点关注。东部地区的企业发生社会资本事件行为和事件的次数也要高于西部和中部地区的企业。

4.3.2　三因素交叉的频数分析

我们将公司所处行业、所有制以及所处区域这三个因素进行交叉分析,如表 4-8、图 4-5 所示。

表 4-8　行业、所有制、所属区域交叉制表 1

所属区域			性质		合计
			国企	民企	
东部	行业	采矿业	2	1	3
		电力、热力、燃气及水	3	0	3
		房地产业	1	0	1
		建筑业	6	1	7
		交通运输、仓储和邮政	6	0	6
		批发和零售业	1	0	1
		文化、体育和娱乐业	2	0	2
		制造业	71	45	116
		综合	3	0	3
		租赁和商务服务业	1	2	3
	合计		96	49	145
西部	行业	电力、热力、燃气及水	5	0	5
		信息传输、软件和信息	1	1	2
		制造业	59	17	76
	合计		65	18	83
中部	行业	采矿业	3	0	3
		农、林、牧、渔业	0	3	3
		批发和零售业	0	1	1
		文化、体育和娱乐业	3	0	3
		信息传输、软件和信息	0	4	4
		制造业	39	26	65
	合计		45	34	79

续表

所属区域			性质		合计
			国企	民企	
合计	行业	采矿业	5	1	6
		电力、热力、燃气及水	8	0	8
		房地产业	1	0	1
		建筑业	6	1	7
		交通运输、仓储和邮政	6	0	6
		农、林、牧、渔业	0	3	3
		批发和零售业	1	1	2
		文化、体育和娱乐业	5	0	5
		信息传输、软件和信息	1	5	6
		制造业	169	88	257
		综合	3	0	3
		租赁和商务服务业	1	2	
合计			206	101	307

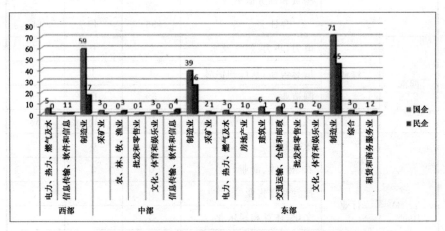

图4-5 企业的社会资本所属区域、行业、性质分布

在三因素交叉的情况下,企业发生社会资本关联的行为和事件307次中,国有企业出现的次数多于民营企业出现的次数。东部地区的国有制造业公司出现次数最多,有71次,明显多于其他三因素交叉的搭配组合。紧接着是位于西部地区的国企制造业有59次,第三多的是位于东部地区的

民企制造业有 45 次。首先,这说明社会资本对公司的选择优先考虑该公司是否处于制造业,制造业公司容易得到国家的重视。其次,会考虑该公司所处的地理位置。东部地区基础设施较好,国家会极大激发东部地区企业发展的潜力。最后,会考虑公司是否为国有企业。国有企业作为国民经济的支柱对中国经济的发展具有重要的作用,社会资本促进了国有企业的高速发展。在公司所有制、行业和所处区域交叉的情况下,仍然可以看出,控制社会资本的国企多于民企、制造业多于其他行业、东部地区多于中西部地区这一现象。

第5章 社会资本与过度投资

5.1 研究假设

根据搜集到的数据可知,2460家上市公司中,在2003—2012年沪深股市的上市企业发生社会资本关联行为和事件共307次。在本章中,对这些企业分行业和地区进行研究对比分析,选取适当的解释变量和被解释变量并构建有效模型,对此进行描述性统计并采用经典的两阶段处理效应模型进行实证分析,试图研究社会资本对企业的过度投资的影响。

本章将检测第3章提出的第一组假设:

H1:社会资本引起对该企业的过度投资。

H1a:对不同所有权的企业(国企与非国企),社会资本对企业过度投资的影响不同。

5.2 数据和度量

5.2.1 解释变量

在第4章中,我们将发生社会资本关联的行为和事件定义为社会资本。为了考察社会资本对企业的影响,将发生社会资本关联行为和事件后的年份赋值1,其他为0,由此形成解释变量社会资本变量 Social Capital。

定义1:访问频数

当年发生社会资本关联的行为和事件总次数,如1年有发生社会资本关联的行为和事件2次,则该指标的值为2。

5.2.2 被解释变量

定义2:过度投资 Overinv 与投资不足 UnderINV

(1)过度投资和投资不足的定义

Richardson(2006)、辛清泉等(2007)的模型对过度投资进行计量,该模型通过估算企业正常的资本投资水平,然后用回归残差表示投资异化的代理变量,残差大于零为过度投资 Overinv,残差小于零为投资不足 Under-INV。

由 Richardson(2006)开创的这一模型在 Verdi(2006)等研究中得到了应用。本书亦采用 Richardson(2006)的模型来计量投资过度和投资不足程度。

(2)模型解释

企业正常的资本投资水平估计模型如下:

$$Invest_{i,t} = \alpha_0 + \alpha_1 Growth_{i,t-1} + \alpha_2 Lev_{i,t-1} + \alpha_3 Cash_{i,t-1} + \alpha_4 Age_{i,t-1} +$$

$$\alpha_5 Size_{i,t-1} + \alpha_6 Return_{i,t-1} + \alpha_7 Linvest_{i,t-1} + \sum Ind +$$

$$\sum Year + \mu_{i,t} \tag{1}$$

模型(1)中各变量的含义如下:因变量 Invest 为当年的资本投资量;Growth 为上一年企业增长机会,分别用上一年的 Tobin Q 值和营业收入增长率作为代理变量;Lev、Cash、Age、Size、Return、Linvest 分别表示上一期末公司的资产负债率、现金持有量、上市时间、公司规模、股票收益和资本投资量;μ 为残差项。此外,模型还加入行业变量 Ind 和年度变量 Year,以考虑行业效应和年度效应。回归残差 μ 为正表示过度投资 Overinv,反之,回归残差 μ 为负表示投资不足 UnderINV。

通过将 2003—2012 年存在社会资本的 A 股上市公司作为初始样本对模型(1)进行回归,我们可以得到各个企业 t 年预期的资本投资量,然后,用各个企业 t 年的实际投资量减去预期投资量,便可得到各个企业在 t 年的剩余投资量。如果该剩余投资量大于 0,则其值便为投资过度,我们用符号 Overinv 表示;如果该剩余投资量小于 0,则其值的绝对值便为投资不足程度,用符号 UnderINV 表示。这里之所以采用绝对值,主要是便于理解。这样,Overinv 和 UnderINV 越大,就意味着投资过度和投资不足程度越严重。

5.2.3 调节变量

定义 3:所有权性质 SOE

企业所有权性质是过度投资的调节变量,在本章中将使用虚拟变量来定义企业的所有权性质,其中国有企业定义变量的取值为 1,民营企业取值为 0。

5.2.4 控制变量

(1)行业变量。模型中加入行业变量 Ind,根据证监会发布的《上市公司分类指引》(以下简称《指引》)作为指导,将上市公司的经济活动分为门类、大类两级,中类作为支持性分类参考。由于上市公司集中于制造业,《指引》在制造业的门类和大类之间增设辅助性类别(次类)。与此对应,总体编码采用了层次编码法;类别编码采取顺序编码法;门类为单字母升序编码;制造业下增设的辅助性(次类)类别为单字母加1位数字编码;大类为单字母加2位数字编码;中类为单字母加4位数字编码。各类中带有"其他"字样的收容类,以所属大类的相应代码加2位数字"99"表示。在本书中,将行业变量 Ind 以分类变量的方式引入,每个类别代表一个行业。

(2)其他控制变量。如 OREC 大股东占款、COMP 高管薪酬、MSP 高管持股比例、MFEE 管理费用率。

(3)企业高管的社会资本。是指个体在社会中与政治系统连接的互动过程中,通过各种参与而产生政治行动的个体性权力。在文献综述中我们已经提到,有社会关联的公司能够获取更多的政府补助、更优惠的政府税收政策、更多的银行贷款等,而一个企业的高管如果有政治资本,无疑会使企业更容易获得政治资本。

综上所述,本章中涉及的变量如表5-1所示。

表 5-1　变量与指标说明

解释变量	Social Capital	社会资本的变量,有社会资本关联行为和事件的企业,取值为1,否则为0
被解释变量	Overinv	过度投资
被解释变量	UnderINV	投资不足
调节变量	SOE	所有权性质,当企业的实际控制人性质为国有时,取值1,否则为0
调节变量	SOE×Social Capital	SOE×Social Capital
控制变量	Ind	企业所属行业类别
控制变量	OREC	大股东占款=其他应收款/总资产
控制变量	COMP	高管薪酬
控制变量	MSP	高管持股比例=全部高管持股数量/总股本
控制变量	MFEE	管理费用率,表示代理成本
控制变量	Political	企业高管的社会资本(是否是人大代表、政协代表,是否有政府工作经历等)

5.3　实证模型设定

借鉴辛清泉等(2007)的研究,分别采用估算得到的过度投资作为因变量,对多个可选与过度投资有关的变量及若干控制变量进行回归,以考察社会资本对企业过度投资的影响。设定模型(2)为检验社会资本对企业过度投资的影响,同时检验企业所有权性质在其中的作用,具体模型为:

$$
\begin{aligned}
\text{Overinv}_{i,t} = {} & \beta_0 + \beta_1 \text{Social Capital}_{i,t} + \beta_2 \text{SOE}_{i,t} + \beta_3 \text{SOE}_{i,t} \times \\
& \text{Social Capital}_{i,t} + \beta_4 \text{OREC}_{i,t} + \beta_5 \text{COMP}_{i,t} + \\
& \beta_6 \text{MSP}_{i,t} + \beta_7 \text{MFEE}_{i,t} + \beta_8 \text{Political}_{i,t} + \omega_{i,t} \quad (2)
\end{aligned}
$$

其中,Overinv 为过度投资的代理变量;Social Capital 为社会资本的代理变量;SOE 表示所有权性质的企业,当上市公司实际控制人为国有时取 1,否则为 0;OREC 为大股东占款,等于其他应收款/总资产;COMP 表示高管薪酬,使用前三位高管薪酬总和的自然对数表示;MSP 为高管持股比例,等于全部高管持股数量/总股本;MFEE 为管理费用率,表示代理成本;Political 为企业高管的社会资本,作为控制社会关联变量。鉴于 Overinv 数据的特殊性,我们使用 Tobit 模型估计模型(2),考察 β_1 和 β_3 系数的符号和显著性。为了考察社会资本事件影响的持续性,本文将分别使用 $t+1$、$t+2$ 和 $t+3$ 年的 Overinv 替代 t 年的 Overinv 进行回归。

由于过度投资的代理变量 Overinv 为取值为 0 或 1 的分类变量,并且是模型(2)中的因变量,将这种模型称为二元响应模型,需要研究响应概率 $P(Y=1 \mid x)$。估计此类模型一般有以下几种方法。

5.3.1　线性概率模型(LPM)

线性概率模型的一般形式与典型的 OLS 回归模型并无两样,区别是因变量只取 0 和 1 的两个值,线性概率模型的系数解释为该解释变量对被解释变量取值为 1 的概率的估计值。但是线性概率模型方法通常不是估计定性选择模型的最好方法,因为它存在以下几个方面的问题:(1)异方差性。(2)随机扰动项不再服从正态分布,这会导致常规的显著性检验出现问题。事实上,线性概率模型的扰动项服从的是二项分布。(3)更严重的问题还是来自 LPM 模型本身先天不足。LMP 模型假定自变量和因变量的取值为 1 的概率之间的关系为线性关系,而这种关系往往不是线性关系。(4)更严重的是,拟合值可能小于 0 或者是大于 1,而概率值也必须位于 0 和 1 的闭区间内。

5.3.2 Logit 模型和 Probit 模型

在 LPM 模型中,我们假定响应概率是一组参数的线性函数。为了避免 LPM 的这一缺陷,考虑如下形式的一类二元响应模型:

$$P(Y=1 \mid x) = G(\beta_0 + \beta_1 X_1 + \cdots + \beta_K) = G(x'\beta)$$

其中,G 是一个取值严格位于 0 和 1 之间的函数,下面要介绍的是实践应用中使用最广泛的两个 G 函数。

在 Logit 模型中,G 是 logistic 函数:

$$G(z) = \frac{\exp(z)}{1 + \exp(z)}$$

此函数是标准 logistic 随机变量的累积分布函数。

在 Probit 模型中,G 是标准正态累积分布函数(cdf):

$$G(z) = \Phi(z) = \int_{-\infty}^{z} \varphi(t) \mathrm{d}t$$

其中,$\varphi(t)$ 是标准正态概率密度函数(pdf)。

G 的这两个选择都确保了对于所有参数和的值,响应概率 $P(Y=1 \mid x)$ 的值都严格位于 0 和 1 之间。

Logit 和 Probit 模型都可以由一个基础的潜变量模型导出。设 Y^* 是一个潜变量,由下面的等式决定:

$$Y^* = x^* \beta + u$$

潜变量 Y^* 是观测不到的,能够观测到的是已知变量 Y,因此,观测值为:

$$Y = \begin{cases} 1 & if\ Y^* > 0 \\ 0 & if\ Y^* \leqslant 0 \end{cases}$$

我们假定 u 独立于 x,且 u 服从正态分布或 logistic 分布。这两种分布都是关于 0 的对称分布,因此对于所有实数 z,应有 $1 - G(-z) = G(z)$。因此可以导出 Y 的响应概率:

$$P(Y=1 \mid x) = P(Y^* > 0 \mid x) = P(u > -x'\beta \mid x) = 1 - G(-x'\beta) = G(x'\beta)$$

由此不难写出如下 Logit 和 Probit 模型:

Logit 模型:

$$P(Y=1 \mid x) = G(x'\beta) = \frac{\exp(x'\beta)}{1 + \exp(x'\beta)}$$

Probit 模型:

$$P(Y=1 \mid x) = G(x'\beta) = \int_{-\infty}^{x'\beta} \frac{1}{\sqrt{2\pi}} \exp\left(-\frac{t^2}{2}\right) \mathrm{d}t$$

5.3.3　Tobit 模型

Tobit 模型解决一类重要的受限因变量问题,它们在取正时大致连续,但总体中有一个不可忽略的部分取值为 0。在这个模型中,当因变量在特定范围内的值都转换成(或报告)为某个值时,称因变量被归并(Censoring),称此变量为归并变量(Censored Variable)。

Tobit 模型的一般形式为:

$$Y^* = x_i'\beta + u_i$$

$$Y_i = \begin{cases} Y_i^* & if\ Y_i^* > a \\ 0 & if\ Y_i^* \leqslant a \end{cases}$$

其中,Y^* 为潜变量,并且 u_i 满足经典回归模型的基本假设。

考虑到一般性,将 a 设为零,即因变量观测值以 0 为归并点的情况,即标准 Tobit 模型,得到的结果不难推广到 a 不等于 0 的一般情形。显然,潜变量 Y^* 服从正态分布,$Y^* \sim N(\mu, \sigma^2)$。

由于本文研究的过度投资的代理变量(Overinv)是通过模型(1)估计出来的,具有受限因变量的特点,因此本文使用 Tobit 模型对模型(2)进行参数估计。实践中,通常使用普通最小二乘法(OLS)估计 Tobit 模型,尽管估计值不具有一致性,但是人们发现普通最小二乘的估计值比极大似然估计值(MLE)小,一个经验规律是,极大似然估计值通常约等于 OLS 估计值除以样本中非受限观测值的比例。

5.4　数据分析

5.4.1　描述性统计

(1)从企业角度纵向比较社会资本对过度投资差异的描述性统计。

采用 SPSS 统计软件对数据进行描述性统计分析,结果如表 5-2 所示。

表 5-2　描述性统计量

变量	均值	中值	众数	标准差	方差	偏度	峰度	极小值	极大值
Invest	0.07	0.05	0.0089a	0.06	0.00	1.91	6.51	−0.03	0.55
ROA	0.06	0.06	−0.3909a	0.06	0.00	1.00	14.09	−0.39	0.61
ROE	0.10	0.09	−4.3739a	0.20	0.04	−11.20	222.57	−4.37	1.01

续表

变量	均值	中值	众数	标准差	方差	偏度	峰度	极小值	极大值
Size	22.47	22.27	21.4070a	1.30	1.70	0.43	0.04	18.98	26.53
Cfo	0.06	0.06	0.0362a	0.07	0.01	0.14	1.89	−0.31	0.38
SOE	0.74	1.00	1.00	0.44	0.19	−1.09	−0.81	0.00	1.00
ROAw	0.06	0.06	0.23	0.05	0.00	0.17	2.39	−0.14	0.23
Sizew	22.47	22.27	19.87	1.28	1.65	0.47	−0.13	19.87	26.02
Cfow	0.06	0.06	0.27	0.07	0.01	0.17	0.62	−0.15	0.27
Absdaw	0.06	0.04	0.00	0.07	0.00	2.26	6.86	0.00	0.40
Zxdaw	0.03	0.00	0.00	0.06	0.00	2.27	5.51	0.00	0.29
Lev	0.51	0.51	0.61	0.21	0.04	1.69	15.71	0.04	2.63
Levw	0.50	0.51	0.09	0.18	0.03	−0.30	−0.32	0.09	0.90
MFEE	0.08	0.06	0.0113a	0.08	0.01	12.85	308.82	0.01	2.21
Growth	0.21	0.16	0.0669a	0.46	0.21	8.19	106.12	−0.98	7.57
OREC	0.02	0.01	0.0007a	0.03	0.00	5.41	41.96	0.00	0.45
MSP	0.01	0.00	0.00	0.04	0.00	7.01	55.31	0.00	0.47
CR1	0.43	0.43	0.3334a	0.17	0.03	0.06	−0.83	0.00	0.85
Overinv	0.02	0.00	0.00	0.04	0.00	2.31	6.02	0.00	0.28
CR1w	0.43	0.43	0.77	0.17	0.03	0.02	−0.99	0.10	0.77
Policital	0.58	1.00	1.00	0.49	0.24	−0.33	−1.90	0.00	1.0

注:1. 存在多个众数时,显示最小值。

　　2. 后面带 w 的均为缩尾后的指标。

从表5-2的数据结果可以看出,以资本投资量 Invest 为例,它的均值为0.07,说明整体的水平更倾向于0,即国家对大部分企业是没有过度投资的。Invest 的标准差为0.06,非常小,这与本身的数值较小也是有一定联系的。Invest 的中值为0.05,较接近于0,说明该数据左偏。Invest 的偏度为1.91,偏态系数>1,被称为高度偏态分布。峰度系数为6.51,峰态系数>0,为尖峰分布,数据的分布更集中。类似地,我们也可以分析表5-2中的其他各指标。

表5-3是全国地区有社会资本的企业指标的描述性统计量,以 Invest 为例,可以看到它的均值为0.0602,整体的水平更倾向于0,即国家对大部分企业是没有过度投资的。Invest 的标准差为0.0482,非常小,这和本身

的数值较小也是有一定联系的。Invest 的中位数为 0.0472，比平均数还小，说明该数据左偏。Invest 的最大值为 0.3696，最小值为 -0.0272，全距为 0.3967。偏度为 1.5723，偏态系数＞1，被称为高度偏态分布。峰度系数为 3.9518，峰态系数＞0，为尖峰分布，数据的分布更集中。Political 变量的均值为 0.58，比 0.5 稍大，说明企业是否拥有社会资本与企业高管有社会资本与否没有必然联系。同理，我们也可以分析表 5-3 中的其他各指标。

表 5-3　有社会资本的企业指标的描述性统计量

变量	均值	标准差	中位数	截尾均值	最小值	最大值	全距	偏度	峰度
TobinQ	2.4366	22.4432	1.3201	1.4657	0.3681	668.129	667.7609	29.5203	872.6024
Invest	0.0602	0.0482	0.0472	0.0537	-0.0272	0.3696	0.3967	1.5723	3.9518
ROA	0.0614	0.0587	0.0517	0.0574	-0.2721	0.6144	0.8865	1.8502	15.8963
ROE	0.0945	0.1744	0.0894	0.0988	-2.706	0.8403	3.5464	-7.2391	102.8389
Size	22.8135	1.2942	22.6919	22.7514	19.5109	26.5285	7.0176	0.4078	-0.3404
Cfo	0.0585	0.0747	0.054	0.0571	-0.3103	0.3779	0.6882	0.0846	1.9243
ZXDA	0.0362	0.0887	0.0012	0.0192	0	1.366	1.366	8.3536	100.504
TobinQw	1.6634	0.9738	1.3201	1.4657	0.7823	6.2283	5.446	2.4696	7.1046
ROAw	0.0604	0.0512	0.0517	0.0574	-0.1362	0.2279	0.3641	0.416	2.1442
Sizew	22.8112	1.2849	22.6919	22.7514	19.8712	26.0205	6.1492	0.3826	-0.4567
Cfow	0.0587	0.0718	0.054	0.0571	-0.146	0.2679	0.4139	0.195	0.5518
Absdaw	0.0641	0.067	0.0437	0.0521	0.0011	0.3987	0.3976	2.3728	7.4256
Zxdaw	0.0323	0.0552	0.0012	0.0192	0	0.2891	0.2891	2.4395	6.4989
Invest	0.06	0.047	0.0472	0.0537	0.0008	0.2638	0.263	1.3249	1.8848
Lev	0.5207	0.2044	0.5226	0.5232	0.0395	2.3735	2.3339	1.2798	11.2544
Levw	0.5159	0.18	0.5226	0.5232	0.091	0.8954	0.8044	-0.336	-0.1647
MFEE	0.0765	0.0898	0.0607	0.0662	0.0082	2.2109	2.2027	15.609	359.2481
Growth	0.1651	0.3938	0.1251	0.1333	-0.975	6.4593	7.4343	7.5062	97.2282
OREC	0.0163	0.0259	0.0091	0.0114	0.0001	0.2812	0.2811	5.412	39.3774
COMP	13.2605	2.9828	13.8676	13.8147	0	16.2332	16.2332	-3.719	13.8472

续表

变量	均值	标准差	中位数	截尾均值	最小值	最大值	全距	偏度	峰度
MSP	0.0112	0.0513	0	0.0002	0	0.4724	0.4724	5.9311	39.404
CR1	0.4175	0.1713	0.4103	0.4131	0.0362	0.8523	0.8161	0.1898	−0.6899
Resid_inv	−0.0035	0.0613	−0.0095	−0.0072	−0.1566	0.2513	0.4079	0.6217	0.5073
Overinv	0.0226	0.0389	0	0.0135	0	0.2513	0.2513	2.1771	5.0203
Growth	0.155	0.2732	0.1251	0.1333	−0.4282	1.7971	2.2253	2.1174	9.9964
Orecw	0.0161	0.0237	0.0091	0.0114	0.0003	0.1955	0.1952	4.5254	26.7345
Compw	13.8549	1.0023	13.9493	13.8978	10.9692	15.8325	4.8634	−0.4235	−0.0401
MSPw	0.0086	0.0349	0	0.0002	0	0.1914	0.1914	4.4114	18.5358
CR1w	0.417	0.1684	0.4103	0.4131	0.1029	0.7702	0.6673	0.1491	−0.876
Political	0.58	0.495	1	0.58	0	1	1	−0.307	−1.910

注:后面带 w 的均为缩尾后的指标。

表 5-4 是全国地区没有社会资本的企业指标的描述性统计量,以 Invest 为例,可以看到它的均值为 0.0794,比有社会资本的企业的值 0.0602 大,说明全国地区没有社会资本的企业是存在过度投资的。Invest 的标准差为 0.0697,非常小,这和本身的数值较小也是有一定联系的。Invest 的中位数为 0.06,比平均数还小,说明该数据左偏。Invest 的最大值为 0.5515,最小值为 0.0001,全距为 0.5514。偏度为 1.77,偏态系数>1,被称为高度偏态分布。峰度系数为 5.3176,峰态系数>0,为尖峰分布,数据的分布更集中。Political 变量的均值为 0.61,比 0.5 稍大,说明企业是否拥有社会资本与企业高管有社会资本与否没有必然联系。同理,我们也可以分析表 5-4 中的其他各指标。

表 5-4 没有社会资本的企业指标的描述性统计量

变量	均值	标准差	中位数	截尾均值	最小值	最大值	全距	偏度	峰度
TobinQ	1.5652	1.0782	1.2437	1.3439	0.7693	10.9713	10.202	4.5312	26.5654
Invest	0.0794	0.0697	0.06	0.0697	0.0001	0.5515	0.5514	1.77	5.3176
ROA	0.0655	0.0583	0.063	0.0643	−0.3909	0.4564	0.8473	−0.2916	11.5042
ROE	0.0967	0.2244	0.1011	0.1052	−4.3739	1.0112	5.3851	−13.4831	264.7603

续表

变量	均值	标准差	中位数	截尾均值	最小值	最大值	全距	偏度	峰度
Size	21.9593	1.1369	21.8751	21.926	18.9792	25.81	6.8308	0.3521	0.5589
Cfo	0.0664	0.0741	0.0616	0.0651	−0.2365	0.3777	0.6142	0.2288	1.7568
ZXDA	0.0381	0.0618	0.0089	0.0248	0	0.5473	0.5473	3.0151	14.8466
TobinqQw	1.5371	0.9023	1.2437	1.3439	0.7823	6.2283	5.446	3.2706	12.5407
ROAw	0.0653	0.0521	0.063	0.0643	−0.1362	0.2279	0.3641	−0.196	2.8277
Sizew	21.9724	1.1092	21.8751	21.926	19.8712	25.81	5.9388	0.5054	0.4367
Cfow	0.066	0.0715	0.0616	0.0651	−0.146	0.2679	0.4139	0.1232	0.6998
Absdaw	0.0651	0.064	0.0458	0.054	0.0011	0.3987	0.3976	2.0529	5.6639
Zxdaw	0.0373	0.0566	0.0089	0.0248	0	0.2891	0.2891	2.0168	4.1688
Invest	0.0779	0.0637	0.06	0.0697	0.0008	0.2638	0.263	1.0851	0.6588
Lev	0.4891	0.2052	0.4993	0.4915	0.0444	2.627	2.5826	2.3074	22.8063
Levw	0.4843	0.1755	0.4993	0.4915	0.091	0.8954	0.8044	−0.2642	−0.5674
MFEE	0.0858	0.0689	0.07	0.0742	0.0065	0.5496	0.5431	2.7656	10.6194
Growth	0.2845	0.5389	0.208	0.2268	−0.8258	7.5674	8.3932	8.2015	96.5457
OREC	0.0267	0.0427	0.0125	0.0181	0.0001	0.4457	0.4456	4.7352	31.2157
COMP	12.0918	3.637	13.0735	12.9727	0	16.0325	16.0325	−2.7756	6.5269
Board	1.8551	0.296	1.7918	1.8642	0	2.7726	2.7726	−0.9683	5.7577
Indep	0.563	0.3044	0.5	0.5293	0	4	4	5.2525	43.9253
MSP	0.0041	0.0317	0	0	0	0.442	0.442	10.4367	122.3366
CR1	0.4458	0.1762	0.4721	0.4488	0.0647	0.85	0.7853	−0.1445	−0.9476
Resid_inv	−0.0056	0.0703	−0.0156	−0.0114	−0.1703	0.2798	0.4501	0.8326	0.8724
CR1w	0.4452	0.1739	0.4721	0.4488	0.1029	0.7702	0.6673	−0.1855	−1.0682
Political	0.61	0.489	1	0.62	0	1	1	−0.432	−1.818

注：后面带 w 的均为缩尾后的指标。

（2）纵向和横向比较变量 Social Capital（分别为 0 和 1 时）对变量 Invest、ZXDA 和 Overinv 之间的影响，以纵向比较数据为例。

对变量 Social Capital(分别为 0 和 1 时)、Invest、ZXDA 和 Overinv 的数据收集统计结果如表 5-5 所示。由表 5-5 可知,当社会资本 Social Capital 的值不同时,当年的资本投资量 Invest、盈余操纵 ZXDA 和过度投资 Overinv 三个变量的值也不同,说明社会资本是否对资本投资量 Invest、盈余操纵 ZXDA 和过度投资 Overinv 是有影响的。当有社会资本时(Social Capital 为 1),其资本投资量 Invest、盈余操纵 ZXDA 和过度投资 Overinv 值分别为 53.182629、31.95876 和 19.9696321,这三个变量的值比其没有社会资本(Social Capital 为 0)时大,说明社会资本对资本投资量 Invest、盈余操纵 ZXDA 和过度投资 Overinv 存在着正方向的影响能力。

表 5-5 社会资本对投资水平、盈余操纵和过度投资的描述性统计表

Social Capital	Invest	ZXDA	Overinv
0	47.069309	22.62157	15.0275078
1	53.182629	31.95876	19.9696321

为了使表 5-5 的数据更加直观,我们进一步把表 5-5 的频数分布表制成了柱形图,见图 5-1。

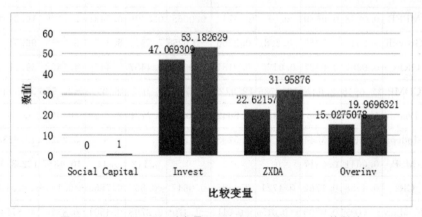

图 5-1 Social Capital 对变量 Invest、ZXDA 和 Overinv 的影响

(3)将社会资本、企业所有权性质与过度投资模型的各个数据整理如表 5-6 所示,并且得到如下分析和结论:

①被解释变量 Overinv 的均值为 0.02,均值>0,说明企业存在着过度投资行为。

②主要的解释变量 Social Capital 的均值为 0.60,中位数、3/4 分数和最大值都为 1,说明这些企业中社会资本关联行为和事件次数多,社会化程度高。其国有化程度 SOE 的均值为 0.74,和 Social Capital 一样,其中位

数、3/4 分数和最大值也都为 1,说明国有化程度高,国有企业占比率非常高,间接地说明那些国有企业控制社会资本。OREC 为大股东占款,其均值为 0.02,标准差为 0.03,比较小,说明大股东占款金额较少。其高管薪酬 COMP 均值为 12.79,最小值为 12.65,最大值为 16,说明高管薪酬的差距程度不大,且都较高。但是,高管持股比例 MSP 均值仅仅为 0.01,只有 1% 的比例,说明高管的持股非常少,这和现在的股权分离制度是有关系的,高级管理人员经营者在一家企业,更大的是掌握着一种经营权利,企业用高薪聘请这些高管,使他们承担着职业经理人的角色。管理费用率 MFEE 均值为 0.08,最小值为 0,最大值为 2,标准差为 0.08,表示代理成本较低。最后,高管政治资本 Political 均值为 0.25,最小值为 0,最大值为 1,标准差为 0.43,说明高管政治资本的影响较高。

表 5-6　纵向比较所用变量的描述性统计

变量	观测值	均值	标准差	最小值	1/4 分数	中位数	3/4 分数	最大值
Overinv	1477	0.02	0.04	0	0	0	0.03	0.28
Social Capital	1477	0.60	0.49	0	0	1	1	1
SOE	1477	0.74	0.44	0	0	1	1	1
Social Capital× SOE	1477	0.43	0.50	0	0	0	1	1
OREC	1477	0.02	0.03	0	0	0.01	0.02	0
COMP	1477	12.79	3.31	12.65	0	13.57	14.28	16
MSP	1475	0.01	0.05	0	0	0	0	0
MFEE	1477	0.08	0.08	0	0	0.06	0.1	2
Policital	1477	0.25	0.43	0	0	0	0	1

　　(4)相关分析。运用相关分析方法,从纵向和横向分别来比较被解释变量过度投资 Overinv 与解释变量社会资本 Social Capital、所有权性质的企业 SOE、SOE×Social Capital、大股东占款 OREC、高管薪酬 COMP、高管持股比例 MSP、管理费用率 MFEE 之间的相关关系,以纵向比较数据为例。

　　为了初步了解被解释变量过度投资 Overinv 与解释变量社会资本 Social Capital 之间的关系,可以计算他们之间的相关系数,表 5-7 是其相关系数计算结果。从表 5-7 可知,过度投资 Overinv 与社会资本 Social Capital 之间的简单相关系数为 −0.032,但是其相关系数检验的概率 $P > 0$,接受原假设,两变量之间可能不存在着相关性。同样,为了初步了解被解释变量 Overinv 与变量 SOE 之间的关系,我们可以看其相关系数。从表 5-7 可知,过度投资 Overinv 与所有权性质的企业 SOE 之间的简单相关系数为－0.097,其相关系数较小,说明过度投资 Overinv 与所有权性质的企业 SOE 的关系较小,并且通过了检验,说明两者之间存在着相关性。过度投资 Overinv 与 SOE×Social Capital 的相关系数为－0.134,通过了检验,说明两者之间存在负的相关关系较大,说明过度投资 Overinv 与 SOE×Social Capital 的关系较大。同理,可以从表 5-7 看出过度投资 Overinv 与其他变量之间的皮尔逊相关关系。

表 5-7　纵向比较所用变量的相关关系

	近似矩阵								
	值向量间的相关性								
	Overinv	Social Capital	SOE	SOE× Social Capital	OREC	COMP	MSP	MFEE	Policital
Overinv	1.000	－0.032	－0.097	－0.134	－0.101	0.039	0.171	0.011	0.085
Social Capital	－0.032	1.000	－0.035	0.718	－0.150	0.173	0.078	－0.055	0.035
SOE	－0.097	－0.035	1.000	0.522	－0.119	－0.142	－0.280	－0.175	－0.147
SOE×Social Capital	－0.134	0.718	0.522	1.000	－0.128	0.060	－0.138	－0.146	－0.059
OREC	－0.101	－0.150	－0.119	－0.128	1.000	0.012	－0.006	0.201	0.026
COMP	0.039	0.173	－0.142	0.060	0.012	1.000	0.078	0.042	0.068
MSP	0.171	0.078	－0.280	－0.138	－0.006	0.078	1.000	0.126	－0.001
MFEE	0.011	－0.055	－0.175	－0.146	0.201	0.042	0.126	1.000	0.018
Policital	0.085	0.035	－0.147	－0.059	0.026	0.068	－0.001	0.018	1.000

从表 5-7 也可以发现各个解释变量之间的相关关系。比如解释变量社会资本 Social Capital 与 SOE×Social Capital、大股东占款 OREC、高管薪酬 COMP、高管持股比例 MSP、管理费用率 MFEE 的相关系数都通过了显著性水平检验,说明社会资本 Social Capital 与这些解释变量之间都存在相关关系。

由表 5-7,通过考察被解释变量与解释变量之间的皮尔逊相关系数,可以看出被解释变量与解释变量社会资本 Social Capital、所有权性质的企业

SOE、SOE×Social Capital、大股东占款 OREC、高管持股比例 MSP 之间存在着相关关系，而与高管薪酬 COMP、管理费用率 MFEE、高管政治资本 Political 之间不存在相关关系。相关性最大的变量为高管持股比例 MSP，相关系数为 0.171；相关系数最小的是所有权性质的企业 SOE，相关系数仅为 -0.097。

因为各个解释变量之间存在着自相关关系，上述的分析只是初步的，并不是很精确，需要实证建模进一步分析各个变量之间的关系。

5.4.2　回归分析

表 5-8 报告了在纵向比较的样本中，社会资本、所有权性质与过度投资的关系。从中不难发现：

(1)社会资本 Social Capital 在四个回归方程中均为正，回归系数分别为 0.014、0.025、0.019 以及 0.021，除了第一个回归外，其余的三个回归 P 值分别小于 5% 的显著性水平，说明达到了统计的显著性水平，通过了检验。这表明社会资本这一事件对当期的企业过度投资水平影响不是很明显，但对于之后至少三年的投资决策产生显著影响。通过对 Social Capital 的回归系数进行分析可以发现，当有社会资本时，过度投资首年 Overinv 为 0.014，$t+1$ 年时，Overinv($t+1$) 为 0.025，$t+2$ 年时，Overinv($t+2$) 为 0.019，$t+3$ 年时，Overinv($t+3$) 为 0.021，说明社会资本引起企业过度投资首年最小，$t+1$ 年最大，之后相对减弱。

(2)进一步关注所有权性质的作用，SOE×Social Capital 的系数在第一个回归结果中不显著，说明所有权性质在第一年没有通过显著性水平为 10% 的检验。在其他三个回归中均显著为负，结合 Social Capital 的系数可以发现，当有社会资本时，所有权 $t+1$ 年时，Overinv($t+1$) 为 -0.028，$t+2$ 年时，Overinv($t+2$) 为 -0.026，$t+3$ 年时，Overinv($t+3$) 为 -0.030，说明企业的所有权性质随着年份的增加慢慢地减弱社会资本对企业过度投资的影响。

(3)从表 5-8 可以发现 OREC、MSP 在各个回归中都显著，通过了检验。OREC 的各个时期的回归系数都为负，说明其对社会资本对企业的过度投资影响为反向影响。但是随着年份的增加，其系数慢慢地变大，说明大股东占款增强社会资本对企业的过度投资影响。COMP 在各个年份的回归系数分别为 0.002、0.001、-0.000 和 0.000，其系数变化范围不大，并且回归系数较小，说明高管薪酬在社会资本对企业的过度投资影响中是稳定的，且这种影响的程度较小。MSP 的各个时期的回归系数为 0.438、

0.440、0.472、0.473,说明高管的持股增强社会资本对企业的过度投资影响,并且这种影响在社会资本滞后逐渐增加。MFEE在各个时期的回归系数都不显著,没有通过显著性水平检验,说明此变量与社会资本引起企业过度投资没有关系。

表5-8　社会资本、所有权性质与过度投资:纵向比较

变量	Overinv	Overinv($t+1$)	Overinv($t+2$)	Overinv($t+3$)
Constant	−0.038	−0.028	−0.010	−0.023
	(−1.16)	(−0.80)	(−0.29)	(−0.65)
Social Capital	0.014	0.025 **	0.019 **	0.021 **
	(1.53)	(2.11)	(1.98)	(2.52)
SOE	−0.006	−0.002	0.002	0.006
	(−0.87)	(−0.31)	(0.25)	(0.83)
SOE×Social Capital	−0.016	−0.028 **	−0.026 **	−0.030 ***
	(−1.49)	(−2.20)	(−2.37)	(−3.02)
OREC	−0.486 ***	−0.488 ***	−0.368 ***	−0.249 **
	(−3.82)	(−4.31)	(−3.18)	(−2.48)
COMP	0.002	0.001	−0.000	0.000
	(0.91)	(0.46)	(−0.20)	(0.06)
MSP	0.438 ***	0.440 ***	0.472 ***	0.473 ***
	(8.19)	(8.15)	(8.30)	(6.75)
MFEE	0.014	0.010	0.010	0.011
	(0.35)	(0.23)	(0.26)	(0.31)
Political	Control	Control	Control	Control
N	1391	1254	1121	990
$P>chi2$	<0.001	<0.001	<0.001	<0.001

注:括号内的 t 值已经进行公司个体的聚类调整(Cluster),*** 、** 、* 分别表示1%、5%和10%的显著性水平。

表5-9报告了横向比较中社会资本、所有权性质与企业过度投资的关系。不难发现:

(1)关于 Social Capital 的系数,其在四个回归的系数分别为 0.016、0.027、0.022 和 0.025,其系数均为正,且在不同程度上显著,这与表 5-8 的结果相类似,也表示了同样的含义。

(2)SOE×Social Capital 的系数在四个回归中为 −0.013、−0.027、−0.024 和 −0.029,其系数均为负,除第一个回归外,其余的三个回归都分别达到 5%、5%、1% 的显著性水平,这表明相较于非国有企业,社会资本对国有企业过度投资的影响较小。

表 5-9 社会资本、所有权性质与企业过度投资:横向比较

变量	Overinv	Overinv($t+1$)	Overinv($t+2$)	Overinv($t+3$)
Constant	−0.021	−0.004	−0.018	−0.023
	(−0.69)	(−0.11)	(−0.52)	(−0.59)
Social Capital	0.016 *	0.027 **	0.022 **	0.025 ***
	(1.76)	(2.36)	(2.31)	(3.13)
SOE	−0.012 **	−0.008	−0.001	0.007
	(−2.31)	(−1.36)	(−0.12)	(1.00)
SOE×Social Capital	−0.013	−0.027 **	−0.024 **	−0.029 ***
	(−1.30)	(−2.12)	(−2.16)	(−3.07)
OREC	−0.412 ***	−0.304 ***	−0.138	0.006
	(−3.80)	(−3.01)	(−1.20)	(0.06)
COMP	0.001	0.001	0.000	−0.001
	(0.50)	(−0.26)	(−0.17)	(−0.19)
MSP	0.453 ***	0.433 ***	0.519 ***	0.511 ***
	(8.22)	(6.83)	(8.56)	(6.73)
MFEE	0.015	0.009	0.017	−0.004
	(0.48)	(0.26)	(0.62)	(−0.12)
Political	Control	Control	Control	Control
N	1675	1402	1134	895
$P > chi2$	<0.001	<0.001	<0.001	<0.001

注:括号内的 t 值已经进行公司个体的聚类调整(Cluster),***、**、* 分别表示 1%、5% 和 10% 的显著性水平。

5.4.3 稳健性检验

为了验证上述结果的可靠性,我们进行了如下的稳健性检验:

(1)使用社会资本的次数替代 Social Capital,重复文中的检验,结果未发生实质变化。

(2)表 5-10、表 5-11 采用用原 frequency 和 SOE×frequency 替换 Social Capital 和 SOE×Social Capital 的方式检验。

表 5-10　社会资本、所有权性质与过度投资:纵向比较(稳健性检验)

变量	Overinv	Overinv($t+1$)	Overinv($t+2$)	Overinv($t+3$)
Constant	−0.069 **	−0.053	−0.034	−0.040
	(−2.03)	(−1.52)	(−1.03)	(−1.15)
frequency	0.012	0.008	−0.001	−0.001
	(1.29)	(0.86)	(−0.07)	(−0.07)
SOE	0.013	0.010	0.008	0.010
	(1.46)	(1.09)	(1.03)	(1.24)
SOE×frequency	−0.035 ***	−0.030 ***	−0.023 **	−0.023 **
	(−3.23)	(−2.82)	(−2.14)	(−2.03)
OREC	−0.474 ***	−0.487 ***	−0.374 ***	−0.256 **
	(−3.68)	(−4.14)	(−3.11)	(−2.45)
COMP	0.004	0.003	0.002	0.002
	(1.64)	(1.22)	(0.71)	(0.71)
MSP	0.425 ***	0.434 ***	0.476 ***	0.482 ***
	(7.88)	(8.00)	(8.03)	(6.60)
MFEE	0.011	0.007	0.008	0.010
	(0.24)	(0.15)	(0.18)	(0.23)
Political	Control	Control	Control	Control
N	1391	1254	1121	990
$P>chi2$	<0.001	<0.001	<0.001	<0.001

注:括号内的 t 值已经进行公司个体的聚类调整(Cluster),*** 、** 、* 分别表示 1%、5% 和 10% 的显著性水平。

表5-11　社会资本、所有权性质与企业过度投资:横向比较(稳健性检验)

变量	Overinv	Overinv($t+1$)	Overinv($t+2$)	Overinv($t+3$)
Constant	−0.020	0.000	−0.017	−0.020
	(−0.63)	(0.00)	(−0.48)	(−0.53)
frequency	0.012	0.013	0.007	0.007
	(1.55)	(1.54)	(0.80)	(0.77)
SOE	−0.004	−0.001	0.003	0.011
	(−0.67)	(−0.14)	(0.42)	(1.39)
SOE×frequency	−0.020**	−0.024**	−0.018*	−0.023**
	(−2.12)	(−2.33)	(−1.65)	(−2.01)
OREC	−0.415***	−0.312***	−0.146	−0.002
	(−3.81)	(−3.06)	(−1.27)	(−0.02)
COMP	0.001	−0.001	0.000	−0.001
	(0.35)	(−0.40)	(−0.17)	(−0.20)
MSP	0.442***	0.423***	0.520***	0.520***
	(7.76)	(6.47)	(8.35)	(6.56)
MFEE	0.011	0.006	0.016	−0.004
	(0.31)	(0.16)	(0.55)	(−0.11)
Political	Control	Control	Control	Control
N	1675	1402	1134	895
$P>chi2$	<0.001	<0.001	<0.001	<0.001

注:括号内的 t 值已经进行公司个体的聚类调整(Cluster),***、**、*分别表示1%、5%和10%的显著性水平。

总之,通过重复文中的检验发现结果未发生实质变化,即过度投资与社会资本的次数有显著关系,具体表现为社会资本在 $t,t+1,t+2,t+3$ 年引起的过度投资逐渐增强,对国有企业的过度投资的影响也有逐年增强的趋势。

5.5　本章小结

本章发现：

(1)社会资本导致了被访企业的过度投资行为。H1被证实。

(2)相对于非国有企业,社会资本对国有企业过度投资的影响较小。H1a被证实。

(3)稳健性检验发现了不同所有权性质企业的过度投资差别,所有权性质随着年份的增加慢慢地减弱社会资本对企业过度投资的影响。大股东占款增强社会资本对企业的过度投资影响,高管的持股增强社会资本对企业的过度投资影响,并且这种影响在社会资本滞后逐渐增加。

第6章 社会资本与盈余操纵

6.1 研究假设

在本章中,对有社会资本关联行为和事件的企业分行业和地区进行研究对比分析,选取适当的解释变量和被解释变量并构建有效模型,对此进行描述性统计并采用经典的两阶段处理效应模型进行实证分析。试图研究社会资本对企业的盈余操纵的影响。

本章采用面板数据和分年度、分行业的数据对进行修正的 Jones 模型建模,验证第3章提出的第二组假设:

H2:社会资本引起该企业的盈余操纵。

H2a: 对不同所有权的企业(国企与非国企),社会资本对企业盈余操纵的影响不同。

6.2 数据和度量

6.2.1 解释变量

在第4章中,我们将发生在社会资本关联的行为和事件定义为社会资本,为了考察社会资本对企业的影响,将发生社会资本后的年份赋值 1,其他为 0,由此形成解释变量社会资本变量 Social Capital。

6.2.2 被解释变量

在本小节中,将解释被解释变量盈余操纵是如何用代理变量 ZXDA 来进行量化的。

盈余管理起源于早期创造性会计,与两权分离的股份制公司组织形式发展相关(Mathews,Perera,1991),最初表现为利润平滑,后来逐渐形成盈余管理。1985 年,Healy 开始了盈余管理研究,后来会计界逐渐展开了对于盈余管理的研究。丁方飞和伍中信(2010)对 2001—2006 年资产减值准备的有关数据进行检查,发现计提减值准备的长期资产所产生的应计盈余大幅降低会计盈余质量。根据长期资产减值计提应计盈余逆向构建套利组合,可以大大获得超额报酬率,计提减值准备的长期资产的剩余与超额报酬率呈负相关,这种呈负相关的事实表明,市场上无法识别的长期减值准备的资产质量会对会计盈余产生影响。张俊生和曾亚敏(2010)利用2000—2008年企业面板数据,分析中国多元化的上市公司将会出现会计绩效和市场绩效这种不相符现象,即市场绩效折价的影响和会计绩效的价格溢价。

盈余操纵是盈余管理的一部分,本文将盈余管理定义为:公司的高级管理人员有意图、有目的地利用自己的职业判断或者利用其他方法对向外报告的财务报告进行干预的过程。公司的这种财务报告信息具有一定的失真性,通过这种修改、粉饰、舞弊财务报表,以达到误导以公司绩效为判断基础的利益相关人的决策,对那些以会计报表数字为基础的契约后果的社会公众影响较大。通常采用的计量盈余管理的模型,主要有如下两种。

6.2.2.1　应计利润总额法

应计利润总额法基于企业的应计利润,具有随机漫步的特点,它是一种随机漫步模型。应计利润总额法分为"操控性利润"和"非操控性利润"两种方法,企业预测的"非操控性利润"变动为零,在此条件下企业应计利润的变动全部可以归结为操控性的应计利润变动,这部分应计利润是企业管理层可以操纵的部分,这个方法主要是从企业的应计利润中分离出可操纵的应计利润部分。根据对非操纵性应计利润处埋的差异,主要应用的模型有两个:Healy 模型和 DeAngelo 模型。

Healy 模型总体而言比较简单,假设企业的非操控性应计利润在各个年份是一直不会改变的,在发生盈余管理的期间,企业各年可以进行操纵的应计利润代数和的均值都是零。DeAngelo 模型假定企业事件期上一年度的总应计利润为事件期的操控性应计利润,实际上是估计期(事件期的上一年度)为一年的 Healy 模型。

DeAngelo 模型应计利润总额法假设公司所有应计项目都是被盈余操纵过的,公司的经营现金流量没有被盈余操纵,因此,操控性应计利润就是应计利润总额,但是存在一定的缺陷,实际上公司的经营现金流量是可以被盈余操纵的,而且公司的所有应计项目未必都被盈余操纵。此外,上述Healy 模型和 DeAngelo 模型都没有把经济环境的变化引起的标准误差增大等因素考虑在内,所以在实际应用中,应计利润总额法受到严格限制。

6.2.2.2　应计利润分离法

企业利润是由经营活动产生现金流量和应计利润两部分共同构成的。其中企业不容易操控经营活动产生现金流量,但是比较容易操控应计利润。在企业经营当期的不直接产生企业现金流量的那部分,最终形成应计利润,但应计入当期损益的那些费用与收益;企业净资产发生变动的部分有企业应收账款变动额、固定资产的计提折旧费用、递延资产的计提和摊销费用等。大多数学者将应计利润的管理和控制分为操控性的应计利润和非操控性的应计利润。非操控性的应计利润与公司和行业有关,公司可以自己运作,并且可以操控那部分应计利润,管理当局无法操控的那部分应计利润属于正常的业务绩效。操控的应计利润是选择会计政策和会计程序,处理这一部分的利润应在遵守会计准则的基础上,因为利润是不能直接观察到的,使用应计利润分离模式可以解决这一问题。卡普兰(Kaplan)的理论表示应计利润对企业运作的影响,只要把由外生经济状况产生的非操控性应计利润从总的应计利润中分离出来,剩下的就属于操控性应计利润。这种应计利润分离法在盈余管理研究中用得非常普遍,是研究盈余管理的重要方法之一。具体的典型模型中可以参考基本 Jones 模型,下面对 Jones 模型作简单介绍:

(1)基本 Jones 模型:因为企业经营现金流量不能被操纵,但非控制的应计利润没有随机游走,如人均值回复的特殊性质随着企业的主营业务收入变化;在固定资产中的业务也发生了相应变化,所以基本 Jones 模型主营业务收入的变动反映在固定资产原值的变化上。其他部分归入操控性应计利润,这个模型可以控制公司经济环境变化对非操控性应计利润的影响。

(2)修正 Jones 模型:因为基本 Jones 模型的主营业务收入变动对应收账款变化的影响,变成是盈余操纵产生的结果,企业盈余操纵的结果影响了非操控性的应计利润的因素,由于存在非操控性的应计利润的影响因素,从而低估了操控性的应计利润,造成很大的误差。因此,产生了 Jones 模型的修正。Jones 模型修正在计算出非操控性的应计利润时,将应收账款变动额从主营业务中扣除,这一个回归模型认为所有企业商业信用销售都全部被操纵。

(3)截面 Jones 模型和截面修正 Jones 模型:基本 Jones 模型和修正 Jones 模型都被认为是时间序列模型,所谓时间序列模型,是通过使用企业在过去的运营中的数据,进行回归模型参数估计,在此,再将公司当年的数据代入回归模型,这是一种最终获取非操控性应计利润的数据。

　　使用时间序列模型的前提条件是：首先，被研究的企业需具有过去较长时间的数据，一般而言需要 10 年以上的数据；其次，这个企业在过往的估计期内没有进行系统性的盈余操纵。一部分企业不具备使用时间序列模型的条件，因此，学者们研究了截面 Jones 模型，这个模型解决了上述两个问题，这种模型采用对应年份同行业中其他企业的数据来回归得到模型的系数。由于是采用的同行业其他企业的数据，截面 Jones 模型不要求被研究的企业具有较长的时间序列数据，从而消除了经济情况变化对非操控性应计利润的影响。但是这个模型存在一定缺陷，必须基于研究企业在同行业内是没有差异的假设。由于中国市场经济发展的时间较短，而且企业盈余操纵的行为普遍化。最后，中国的会计核算相对于国外不稳定，会计准则在不断变化，所以采用时间序列模型是不合适的，研究中国企业的问题，一般使用截面 Jones 模型会比较合适。

　　截面 Jones 模型一样存在较多缺陷，这种模型要考虑行业与行业之间存在不同的应计项目之间的水平差距，要按照分行业有关的数据进行回归分析，得出模型的系数，因此，计算操控性的应计利润，只有这样才不至于将所有产业合为一体，规避了出现行业性的差异问题。为此，在上述几个模型的基础上，后人进行了许多改进和修正，产生了如下几个模型：

　　①陆建桥模型：这个模型认为无形资产和长期固定资产的摊销属于非控制性应计利润，模型中不能忽视这些因素，而且基本 Jones 模型和修正 Jones 模型都没有考虑到这些因素的影响，从而导致了模型对非操控性应计利润的低估，进而高估了操控性应计利润。

　　②KS 模型：该模型把主营业务收入、固定资产与应计利润项目之间的关系纳入了考虑范围，此外，还考虑了应计利润与成本之间的关系，使用工具变量法，先计算正常的应计利润余额，使变量的遗漏减少了，还减少了变量计量的误差，这个模型比采用时间序列的 Jones 模型，能更好地降低假设检验中犯第一类错误和第二类错误的概率。

　　③修正的 DD 模型：这个模型的优点是能更好地分析管理层进行盈余操纵的动机、在决策方面的失误、企业在不同经营环境下对公司绩效的各种影响，缺点是模型数据处理工作量非常大，而且会造成样本公司的数量大量减少。

　　④绩效匹配的 Jones 模型：该模型在 Jones 模型的基础上度量企业经营绩效变量的总资产报酬率（ROA）；使用经营绩效配对样本的方法，控制应计利润与经营绩效之间非线性关系的影响，相比较而言是描述性中应计利润的最准确的方法，因为基本 Jones 模型当中，首项使用了后一期总资产进行调整，把方程的异方差消除了，相当于去掉了常数项，而这个模型把常

数项增加回来了,减少了犯第一类错误的概率。

究竟应该用哪种模型更好? 学术界没有一个统一的结论。国内外大部分学者会选择修正 Jones 模型,他们认为该模型犯第一类错误和第二类错误的概率较小,同时该模型揭示盈余管理的能力会比较强。

经过上面的分析,本章拟使用截面的修正 Jones 模型对非操控性应计利润进行估计,公式如下:

$$ACCR_{i,t} = \frac{\alpha_{1i}}{TA_{i,t-1}} + \frac{\alpha_{2i}\Delta REV_{i,t}}{TA_{i,t-1}} + \frac{\alpha_{3i}PPE_{i,t}}{TA_{i,t-1}} + \varepsilon_{i,t} \qquad (6.2.1)$$

其中,$ACCR_{i,t}$ 表示为 t 年度的总应计利润,用 t 年营业利润减去 t 年经营现金流量得到;$TA_{i,t-1}$ 表示 $t-1$ 年末的总资产;$\Delta REV_{i,t}$ 表示 t 年度主营业务收入的改变量;$\Delta REC_{i,t}$ 为 t 年度应收账款的改变量;$PPE_{i,t}$ 为 t 年末固定资产原值;ε 为误差项。

Dechow、Sloan 和 Sweeney(1995)表明,应收账款的存在,使得财务报表编制人员可以操控应收账款,进而操控销售收入,达到控制盈余的目的,他们进一步修正了 Jones 模型:

$$\frac{ACCR_{i,t}}{TA_{i,t-1}} = \alpha_1\left[\frac{1}{TA_{i,t-1}}\right] + \alpha_2\left[\frac{(\Delta REV_{i,t} - \Delta REC_{i,t})}{TA_{i,t-1}}\right] + \alpha_3\left[\frac{PPE_{i,t}}{TA_{i,t-1}}\right] + \varepsilon_{i,t}$$

$$(6.2.2)$$

Bartov、Gul 和 Tsui(2001)采用了分行业、分年度的横截面数据来研究操控性应计利润与审计质量之间关系,提出了横截面修正的 Jones 模型。该模型在形式上没有改变,只是在估计参数时不需要使用时间序列数据。

定义 4:盈余操纵变量 ZXDA

本章分别使用面板数据和分行业、分年度的数据,采用模型(2)进行修正的 Jones 模型建模,把回归残差作为代理变量衡量操控性应计利润,回归残差如果大于零,则存在操控性应计利润,以回归残差大于零的值为本章使用的盈余操纵指标 ZXDA。

通过上面的模型,可以得到衡量盈余操纵水平的代理变量 ZXDA,下文将从不同的角度对盈余操纵水平的代理变量 ZXDA 进行分析。

6.2.3　调节变量

企业所有权性质是盈余操纵的调节变量,在本章中将使用虚拟变量来定义企业的所有权性质,其中国有企业定义变量的取值为 1,民营企业定义变量的取值为 0。

6.2.4　控制变量

(1)行业变量,同第 5 章 5.2.4 第一个控制变量。

(2)其他控制变量,如资产负债率 Lev、高管薪酬 COMP、高管持股比例 MSP、企业规模 Size、第一大股东持股比例 CR1。

(3)企业高管的社会资本,是指个体在社会与政治系统连接的互动过程中,通过各种参与而产生政治行动的个体性权力。在文献综述中我们已经提到,有社会关联的公司能够获取更多的政府补助、更优惠的政府税收、更多的银行贷款等,而一个企业的高管如果有政治资本,无疑会使企业更容易获得政治资本。

综上所述,本章中涉及变量如表 6-1 所示。

表 6-1　变量与指标说明

解释变量	Social Capital	社会资本的变量,有社会资本关联和事件的企业,取值为 1,否则为 0
被解释变量	ZXDA	盈余操纵代理变量
调节变量	SOE	所有权性质,当企业的实际控制人性质为国有时,取值 1,否则为 0
调节变量	SOE×Social Capital	SOE×Social Capital
调节变量	ROA	企业的总资产报酬率＝(净利润＋财务费用)/总资产
控制变量	Lev	资产负债率＝总负债/总资产
控制变量	COMP	高管薪酬
控制变量	MSP	高管持股比例＝全部高管持股数量/总股本
控制变量	Size	企业规模
控制变量	CR1	第一大股东持股比例＝第一大股东持股数量/总股本
控制变量	Political	企业高管的社会资本(是否是人大代表、政协代表,是否有政府工作经历等)

6.3　实证模型设定

为了考察社会资本对企业盈余操纵的影响以及所有权性质在其中的作用,本章设置了如下模型:

$$ZXDA_{i,t} = \lambda_0 + \lambda_1 \text{Social Capital}_{i,t} + \lambda_2 SOE_{i,t} + \lambda_3 SOE_{i,t} * \text{Social Capital}_{i,t} +$$
$$\lambda_4 ROA_{i,t} + \lambda_5 Lev_{i,t} + \lambda_6 Size_{i,t} + \lambda_7 MSP_{i,t} + \lambda_8 CRI_{i,t} +$$
$$\lambda_9 COMP_{i,t} + \lambda_{10} Political_{i,t} + \omega_{i,t} \tag{3}$$

其中,ZXDA 表示盈余操纵;SOE 和 Social Capital 与 5.3 模型(2)相同;ROA 为企业的总资产报酬率,等于(净利润+财务费用)/总资产;Lev 表示企业的资产负债率;Size 为企业规模,等于总资产的自然对数;CR1 为第一大股东持股比例;MSP、COMP 和 Political 的含义与 5.3 模型(2)相同。鉴于 ZXDA 数值的特殊性,本章同样适用 Tobit 回归方法估计模型(3),重点关注 λ_1 和 λ_3 系数的符号和显著性。为了考察社会资本关联行为和事件影响的持续性,本文将分别使用 $t+1$、$t+2$ 和 $t+3$ 年的 ZXDA 替代 t 年的 ZXDA 进行回归。

6.4　数据分析

6.4.1　描述性统计

本节采用横向比较和纵向比较相结合的方法,分析不同行业、区域的社会资本对于企业盈余操纵的影响,加以分析运用相关分析方法,从纵向和横向分别来比较被解释变量盈余操纵 ZXDA 与解释变量社会资本 Social Capital、所有权性质的企业 SOE、SOE * Social Capital、资产负债率 Lev、高管薪酬 COMP、高管持股比例 MSP、企业规模 Size、第一大股东持股比例 CR1 之间的相关关系,以纵向比较数据为例。

同时,利用相关模型对于社会资本和盈余操纵进行度量,分别使用面板数据和分年度、分行业的数据对模型进行修正的 Jones 模型建模,利用回归残差来作为衡量操控性应计利润的代理变量,残差大于零时就视为存在操控性应计利润,以回归残差大于零的值为本文使用的盈余操纵指标 ZXDA。

表 6-2 是全国地区有社会资本的企业指标的描述性统计量,以 ZXDA 为例,可以看到 ZXDA 的均值为 0.0362,整体的水平更倾向于 0,即国家对大部分企业是没有盈余操纵的,但是均值>0,说明存在企业有盈余操纵。

ZXDA 的标准差为 0.0887,非常小,这和本身的数值较小也是有一定联系的。ZXDA 的中位数为 0.0012,比平均数还小,说明该数据左偏。ZXDA 的最大值为 1.366,最小值为 0,全距为 1.366。偏度为 8.3536,偏态系数>1,被称为高度偏态分布。峰度系数为 100.504,峰态系数>0,为尖峰分布,数据的分布更集中。

表 6-2 有社会资本的企业指标的描述性统计量

变量	均值	标准差	中位数	截尾均值	最小值	最大值	全距	偏度	峰度
TobinQ	2.4366	22.4432	1.3201	1.4657	0.3681	668.129	667.7609	29.5203	872.6024
Invest	0.0602	0.0482	0.0472	0.0537	−0.0272	0.3696	0.3967	1.5723	3.9518
ROA	0.0614	0.0587	0.0517	0.0574	−0.2721	0.6144	0.8865	1.8502	15.8963
ROE	0.0945	0.1744	0.0894	0.0988	−2.706	0.8403	3.5464	−7.2391	102.8389
Size	22.8135	1.2942	22.6919	22.7514	19.5109	26.5285	7.0176	0.4078	−0.3404
Cfo	0.0585	0.0747	0.054	0.0571	−0.3103	0.3779	0.6882	0.0846	1.9243
ZXDA	0.0362	0.0887	0.0012	0.0192	0	1.366	1.366	8.3536	100.504
TobinQw	1.6634	0.9738	1.3201	1.4657	0.7823	6.2283	5.446	2.4696	7.1046
ROAw	0.0604	0.0512	0.0517	0.0574	−0.1362	0.2279	0.3641	0.416	2.1442
Sizew	22.8112	1.2849	22.6919	22.7514	19.8712	26.0205	6.1492	0.3826	−0.4567
Cfow	0.0587	0.0718	0.054	0.0571	−0.146	0.2679	0.4139	0.195	0.5518
Absdaw	0.0641	0.067	0.0437	0.0521	0.0011	0.3987	0.3976	2.3728	7.4256
Zxdaw	0.0323	0.0552	0.0012	0.0192	0	0.2891	0.2891	2.4395	6.4989
Invest	0.06	0.047	0.0472	0.0537	0.0008	0.2638	0.263	1.3249	1.8848
Lev	0.5207	0.2044	0.5226	0.5232	0.0395	2.3735	2.3339	1.2798	11.2544
Levw	0.5159	0.18	0.5226	0.5232	0.091	0.8954	0.8044	−0.336	−0.1647
MFEE	0.0765	0.0898	0.0607	0.0662	0.0082	2.2109	2.2027	15.609	359.2481
Growth	0.1651	0.3938	0.1251	0.1333	−0.975	6.4593	7.4343	7.5062	97.2282
OREC	0.0163	0.0259	0.0091	0.0114	0.0001	0.2812	0.2811	5.412	39.3774

续表

变量	均值	标准差	中位数	截尾均值	最小值	最大值	全距	偏度	峰度
COMP	13.2605	2.9828	13.8676	13.8147	0	16.2332	16.2332	-3.719	13.8472
MSP	0.0112	0.0513	0	0.0002	0	0.4724	0.4724	5.9311	39.404
CR1	0.4175	0.1713	0.4103	0.4131	0.0362	0.8523	0.8161	0.1898	-0.6899
Resid_inv	-0.0035	0.0613	-0.0095	-0.0072	-0.1566	0.2513	0.4079	0.6217	0.5073
Overinv	0.0226	0.0389	0	0.0135	0	0.2513	0.2513	2.1771	5.0203
Growth	0.155	0.2732	0.1251	0.1333	-0.4282	1.7971	2.2253	2.1174	9.9964
Orecw	0.0161	0.0237	0.0091	0.0114	0.0003	0.1955	0.1952	4.5254	26.7345
Compw	13.8549	1.0023	13.9493	13.8978	10.9692	15.8325	4.8634	-0.4235	-0.0401
MSPw	0.0086	0.0349	0	0.0002	0	0.1914	0.1914	4.4114	18.5358
CR1w	0.417	0.1684	0.4103	0.4131	0.1029	0.7702	0.6673	0.1491	-0.876
Political	0.58	0.495	1	0.58	0	1	1	-0.307	-1.910

注：后面带 w 的均为缩尾后的指标。

表 6-3 是全国地区没有社会资本的企业指标的描述性统计量，以 ZX-DA 为例，可以看到它的均值为 0.0381，与有社会资本关联和事件的企业的值 0.0362 相近，说明全国地区没有社会资本的企业大部分也是不存在盈余操纵的，但是均值>0，说明存在企业有盈余操纵。ZXDA 的标准差为 0.0618，非常小，这和本身的数值较小也是有一定联系的。ZXDA 的中位数为 0.0089，比平均数还小，说明该数据左偏。ZXDA 的最大值为 0.5473，最小值为 0，全距为 0.5473。偏度为 3.0151，偏态系数>1，被称为高度偏态分布。峰度系数为 14.8466，峰态系数>0，为尖峰分布，数据的分布更集中。

表 6-3　没有社会资本的企业指标的描述性统计量

变量	均值	标准差	中位数	截尾均值	最小值	最大值	全距	偏度	峰度
TobinQ	1.5652	1.0782	1.2437	1.3439	0.7693	10.9713	10.202	4.5312	26.5654
Invest	0.0794	0.0697	0.06	0.0697	0.0001	0.5515	0.5514	1.77	5.3176

续表

变量	均值	标准差	中位数	截尾均值	最小值	最大值	全距	偏度	峰度
ROA	0.0655	0.0583	0.063	0.0643	−0.3909	0.4564	0.8473	−0.2916	11.5042
ROE	0.0967	0.2244	0.1011	0.1052	−4.3739	1.0112	5.3851	−13.4831	264.7603
Size	21.9593	1.1369	21.8751	21.926	18.9792	25.81	6.8308	0.3521	0.5589
Cfo	0.0664	0.0741	0.0616	0.0651	−0.2365	0.3777	0.6142	0.2288	1.7568
ZXDA	0.0381	0.0618	0.0089	0.0248	0	0.5473	0.5473	3.0151	14.8466
TobinQw	1.5371	0.9023	1.2437	1.3439	0.7823	6.2283	5.446	3.2706	12.5407
ROAw	0.0653	0.0521	0.063	0.0643	−0.1362	0.2279	0.3641	−0.196	2.8277
Sizew	21.9724	1.1092	21.8751	21.926	19.8712	25.81	5.9388	0.5054	0.4367
Cfow	0.066	0.0715	0.0616	0.0651	−0.146	0.2679	0.4139	0.1232	0.6998
Absdaw	0.0651	0.064	0.0458	0.054	0.0011	0.3987	0.3976	2.0529	5.6639
Zxdaw	0.0373	0.0566	0.0089	0.0248	0	0.2891	0.2891	2.0168	4.1688
Invest	0.0779	0.0637	0.06	0.0697	0.0008	0.2638	0.263	1.0851	0.6588
Lev	0.4891	0.2052	0.4993	0.4915	0.0444	2.627	2.5826	2.3074	22.8063
Levw	0.4843	0.1755	0.4993	0.4915	0.091	0.8954	0.8044	−0.2642	−0.5674
MFEE	0.0858	0.0689	0.07	0.0742	0.0065	0.5496	0.5431	2.7656	10.6194
Growth	0.2845	0.5389	0.208	0.2268	−0.8258	7.5674	8.3932	8.2015	96.5457
OREC	0.0267	0.0427	0.0125	0.0181	0.0001	0.4457	0.4456	4.7352	31.2157
COMP	12.0918	3.637	13.0735	12.9727	0	16.0325	16.0325	−2.7756	6.5269
Board	1.8551	0.296	1.7918	1.8642	0	2.7726	2.7726	−0.9683	5.7577
Indep	0.563	0.3044	0.5	0.5293	0	4	4	5.2525	43.9253
MSP	0.0041	0.0317	0	0	0	0.442	0.442	10.4367	122.3366
CR1	0.4458	0.1762	0.4721	0.4488	0.0647	0.85	0.7853	−0.1445	−0.9476
Resid_inv	−0.0056	0.0703	−0.0156	−0.0114	−0.1703	0.2798	0.4501	0.8326	0.8724
CR1w	0.4452	0.1739	0.4721	0.4488	0.1029	0.7702	0.6673	−0.1855	−1.0682
Political	0.61	0.489	1	0.62	0	1	1	−0.432	−1.818

注：后面带 w 的均为缩尾后的指标。

6.4.1.1 社会资本对盈余操纵的影响

从表 6-4 可以比较变量 Social Capital(分别为 0 和 1 时)对变量 ZXDA 的影响。

表 6-4 社会资本对投资水平、盈余操纵和过度投资的描述性统计表

Social Capital	Invest	ZXDA	Overinv
0	47.069309	22.62157	15.0275078
1	53.182629	31.95876	19.9696321

由变量 Social Capital(分别为 0 和 1 时)、Invest、ZXDA 和 Overinv 的数据收集统计表 6-4 可知,当社会资本(Social Capital)值不同时,盈余操纵 ZXDA 变量的值也不同,说明是否有社会资本对盈余操纵(ZXDA)是有影响的。当有社会资本时(Social Capital 为 1),其盈余操纵 ZXDA 值为 31.95876,比其没有社会资本(Social Capital 为 0)的值 22.62157 大,说明社会资本对盈余操纵(ZXDA)有着正方向的影响能力。

为了使表 6-4 的数据更加直观,我们进一步把表 6-4 的频数分布表制成了柱形图,见图 6-1。

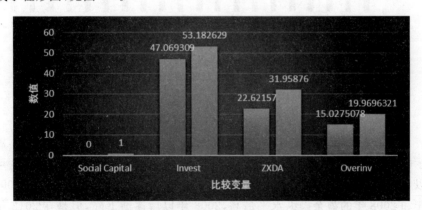

图 6-1 Social Capital 对变量 Invest、ZXDA 和 Overinv 的影响

6.4.1.2 行业分析

表 6-5 列出的是各个不同的行业 ZXDA 变量的均值。从表 6-5 中可以看出盈余操纵水平最高的行业为 H(批发和零售贸易),A(农、林、牧、渔业)、M(综合类)以及 K(社会服务业);而盈余操纵水平最低的行业是 C0(食品饮料)与 D(电力、煤气及水的生产和供应业)。

表 6-5　各行业 ZXDA 均值

行业代码	A	B	C0	C1	C2	C3	C4	C5	C6	C7
ZXDA 均值	0.055	0.023	0.016	0.050	0.043	0.028	0.043	0.052	0.019	0.041
行业代码	C8	D	E	F	G	H	J	K	L	M
ZXDA 均值	0.042	0.019	0.024	0.046	0.027	0.091	0.050	0.055	0.044	0.060

将表 6-5 的数据画成柱形图如图 6-2 所示,可以非常清楚地看出各个行业间的 ZXDA 变量的均值。

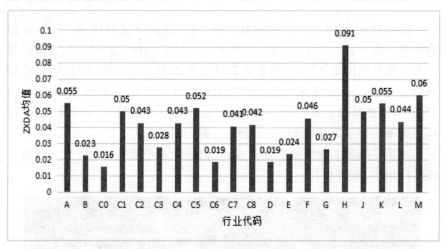

图 6-2　各行业 ZXDA 均值

6.4.1.3　趋势分析

接下来考虑不同的年份企业盈余操纵水平的变化,表 6-6 和图 6-3 展示的是各年份企业盈余操纵均值和各年份企业盈余操纵水平。由图 6-3 可以看出,在 2005 年和 2006 年的时候,企业的平均盈余操纵水平较低,2004 年和 2008 年的盈余操纵水平最高,2008 年以后逐渐下降,但是在 2012 年至 2013 年的平均盈余操纵水平有较大的上升幅度。

表 6-6　各年份企业盈余操纵均值

年份	2002	2003	2004	2005	2006	2007	2008	2009	2010	2011	2012	2013
盈余操纵均值	0.034	0.036	0.045	0.029	0.03	0.037	0.043	0.037	0.034	0.037	0.035	0.043

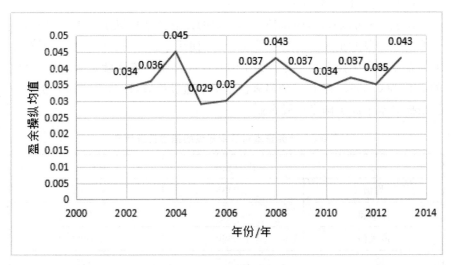

图 6-3　各年份企业盈余操纵水平

6.4.1.4　社会资本与所有权性质对盈余操纵的影响

(1)社会资本对盈余操纵的影响

考察社会资本是否影响企业的盈余操纵行为,表 6-7 分别为两类企业的盈余操纵的均值。可以看出,没有社会资本的企业与有社会资本的企业盈余操纵变量的均值分别为 0.0381 与 0.0362,没有明显的区别,并且没有社会资本的企业的盈余操纵均值还略微高于有社会资本的企业。对两组变量的均值进行 t 检验,以考察两组均值是否存在显著差异,结果如下:t 统计量为 0.5095,P 值为 0.6104,在 5% 的显著性水平下不拒绝两组均值相等的原假设,因此认为是否有社会资本不会显著影响企业盈余操纵水平。

表 6-7　社会资本对盈余操纵的描述性统计表

	没有社会资本的企业	有社会资本的企业
均值	0.0381	0.0362
标准差	0.0618	0.0887
最大值	0.5473	1.3660
偏度	3.0151	8.3536
峰度	14.8466	100.5040

（2）所有权性质对盈余操纵的影响

从表 6-8 可以看出，国家控股的企业的评价盈余操纵水平为 0.0345，小于非国家控股的企业的平均水平 0.0438，使用 t 检验的右侧检验非国有控股的企业的盈余操纵水平是否大于国有控股企业，t 统计量为 1.5689，对应的 P 值为 0.0587，在 10% 的显著性水平下通过检验，即认为非国有企业的盈余操纵水平高于国家控股企业。

表 6-8　社会资本对盈余操纵的描述性统计表

	民营企业	国有企业
均值	0.0438	0.0345
标准差	0.1101	0.0644
最大值	1.3660	1.0999
偏度	7.3637	5.8775
峰度	72.5901	73.1415

（3）社会资本对不同所有权性质企业盈余操纵行为的影响

接下来考察企业性质（国企、非国企）的盈余操纵行为是否受社会资本的显著影响。从表 6-9 可以看出，有社会资本的所有权性质企业的盈余操纵行为 ZXDA 的均值为 0.0330，略小于有社会资本的非国有企业的均值 0.0446，说明社会资本不会使国有企业的盈余操纵行为多于非国有企业。下面对两组变量的均值进行 t 检验的右侧检验，以检验非国有企业的盈余操纵水平是否会大于国有企业，t 统计量为 1.756，P 值为 0.03965，小于给定的显著性水平 5%，因此认为有社会资本后，非国有企业的盈余操纵水平要大于国有企业。

表 6-9　社会资本对不同所有权性质企业盈余操纵行为描述统计表

	有社会资本的国有企业	有社会资本的民营企业
均值	0.0330	0.0446
标准差	0.0685	0.1274
最大值	1.0999	1.3660
偏度	7.1552	7.1939
峰度	93.2874	62.6858

6.4.1.5　相关性分析

运用相关分析方法,从纵向和横向分别来比较被解释变量盈余操纵 ZXDA 与解释变量企业的总资产报酬率 ROA、企业净资产收益率 ROE、企业规模 Size、高管薪酬 COMP、第一大股东持股比例 CR1、企业高管政治资本 Policital 之间的相关关系,以纵向比较数据为例。

表 6-10 是皮尔逊相关系数矩阵表,通过考察变量 ZXDA 与其余数值型自变量的皮尔逊相关系数,可以看出与盈余操纵相关性最大的变量为资产收益率 ROA,相关系数为 0.216;相关系数最小的是第一大股东持股比例 CR1,相关系数仅为 0.003。

表 6-10　皮尔逊相关系数矩阵

	近似矩阵						
	值向量间的相关性						
	ZXDA	ROA	ROE	Size	COMP	CR1	Policital
ZXDA	1.000	0.216	0.098	−0.067	−0.017	0.003	0.019
ROA	0.216	1.000	0.638	0.062	0.042	0.004	0.110
ROE	0.098	0.638	1.000	0.178	0.040	0.064	0.057
Size	−0.067	0.062	0.178	1.000	0.032	0.275	0.008
COMP	−0.017	0.042	0.040	0.032	1.000	−0.159	0.068
CR1	0.003	0.004	0.064	0.275	−0.159	1.000	−0.030
Policital	0.019	0.110	0.057	0.008	0.068	−0.030	1.000

6.4.2　回归分析

6.4.2.1　盈余操纵影响因素建模

鉴于 ZXDA 数值的特殊性,本文同样适用 Tobit 回归方法估计模型(4),Tobit 回归模型属于因变量受到限制的一种模型,其概念最早是由 Tobit 在 1958 年提出,如果需要分析的被解释变量数据有这样的特点:因变量的数值是切割或者片段(截断)的情况时,最小二乘法(OLS)就不再适用于估计回归系,这种遵循极大似然法概念的 Tobit 模型就称为估计系数的一个较好的选择。这个模型的特点在于模型包含两个部分:一种是表示约束条件的选择方程模型;另一种是满足约束条件下某连续变量方程模型。研究感兴趣的往往是受限制的连续变量方程模型,但是由于因变量受到某种约束条件的制约,忽略某些不可度量(即不是观测值,而是通过模型计算得到的变量)的因素将导致受限因变量产生样本选择性偏差。基于Tobit模型,我们定义,如果企业存在盈余操纵,则 ZXDA=1;如果不存在盈余操纵,则 ZXDA=0;ZXDA= $\begin{cases} 1, & if \quad y>0 \\ 0, & if \quad y\leqslant 0 \end{cases}$,也就是说只有当表示选择状态的潜变量 $y>0$ 时,才能观测到盈余操纵信息 ZXDA,所以盈余操纵ZXDA 实际上是一种受限因变量。

重点关注 λ_1 和 λ_3 系数的符号和显著性。为了考察社会资本事件影响的持续性,本文将分别使用 $t+1$、$t+2$ 和 $t+3$ 年的 ZXDA 替代 t 年的ZXDA 进行回归。

为了考察社会资本对企业盈余操纵的影响以及所有权性质在其中的作用,本文设置了如下模型:

$$ZXDA_{i,t}=\lambda_0+\lambda_1 Social\ Capital_{i,t}+\lambda_2 SOE_{i,t}+\lambda_3 SOE_{i,t}\times Social\ Capital_{i,t}+$$
$$\lambda_4 ROA_{i,t}+\lambda_5 LEV_{i,t}+\lambda_6 Size_{i,t}+\lambda_7 MSP_{i,t}+\lambda_8 CRI_{i,t}+$$
$$\lambda_9 COMP_{i,t}+\lambda_{10} Political_{i,t}+\omega_{i,t}$$

其中,ZXDA 表示盈余操纵;SOE 和 Social Capital 与模型(3)相同;ROA 为企业的总资产报酬率,等于(净利润+财务费用)/总资产;Lev 表示企业的资产负债率;Size 为企业规模,等于总资产的自然对数;CR1 为第一大股东持股比例;MSP、COMP 和 Political 的含义与模型(3)相同。

6.4.2.2 面板数据回归

(1)豪斯曼检验

在进行面板数据回归模型建立之前,先对模型进行豪斯曼检验,以检验其是随机影响模型还是固定影响模型,豪斯曼检验的思路是在随机影响模型中,如果 $E\{x_{i,t}\varepsilon_{i,t}\}\neq 0$,即随机影响与解释变量之间没有正交性,则GLS 估计量是有偏和非一致的。但是,正交性并不影响固定影响模型的组内估计量性质。于是,如果模型误差项与解释变量之间是正交的,则将模型设为随机影响模型,否则设为固定效应模型。

豪斯曼统计量 m 的值为 53.18,其 p 值为 6.895E-07,小于显著性水平 0.05,因此拒绝原假设,即将盈余操纵的模型设为固定影响模型。

(2)固定影响模型的建立

经过豪斯曼检验,建立固定影响的模型,对 2002—2013 年的所有行业数据进行面板数据回归。其系数估计值与相应统计量如表 6-11 所示。

表 6-11　面板数据回归统计表

	Estimate	Std. Error	t value	pr(＞|t|)
（常数）	0.165	0.038	4.304	0.000
Social Capital	0.005	0.008	0.581	0.561
SOE	−0.003	0.008	−0.39	0.697
SOE_inspec	0.001	0.01	0.127	0.899
ROA	0.319	0.036	8.887	0.000
Lew	0.023	0.011	2.215	0.027
Sizew	−0.007	0.002	−3.876	0.000
MSPw	−0.002	0.048	−0.048	0.962
CR1w	0.019	0.013	1.445	0.149
COMPw	−0.001	0.001	−1.033	0.302
Political	0	0.005	−0.103	0.918

注：后面带 w 的均为缩尾后的指标。

可以看出,在固定影响模型中,社会资本、所有权性质变量均不显著,而资产收益率、资产负债率、资产规模的变量通过显著性检验,其中资产收益率的系数达到了 0.319,对盈余操纵的影响最为明显,而资产规模的影响最小。

（3）分行业、分年度数据模型的建立

表 6-12 报告了社会资本、所有权性质与盈余操纵在纵向比较样本中的回归结果。不难发现以下几个结论：

①Social Capital 变量,即社会资本变量,在 t 年以及接下来的 3 年中,t 统计量分别为 1.01、−1.03、−0.44、−0.83,未通过显著性检验,说明社会资本并未对企业盈余操纵产生显著影响。

②SOE×Social Capital 变量,即表示有社会资本的企业所有权性质变量,其 t 年度与其后三个年度的回归系数的 t 统计量分别为−1.70、0.96、0.76、0.66,未通过 5% 显著性水平下的显著性检验,表明社会资本对盈余操纵的影响在非国有企业和国有企业组中没有显著差异。

表 6-12　社会资本、所有权性质与盈余操纵：纵向比较

变量	ZXDA	ZXDA($t+1$)	ZXDA($t+2$)	ZXDA($t+3$)
Constant	0.181 ***	0.189 ***	0.145 **	0.112
	(3.41)	(3.28)	(2.34)	(1.61)
Social Capital	0.012	−0.013	−0.007	−0.011
	(1.01)	(−1.03)	(−0.44)	(−0.83)
SOE	0.006	0.007	0.006	0.007
	(0.86)	(0.91)	(0.67)	(0.70)
SOE×Social Capital	−0.022 *	0.013	0.013	0.010
	(−1.70)	(0.96)	(0.76)	(0.66)
ROA	0.436 ***	0.359 ***	0.244 ***	0.173 **
	(6.69)	(5.32)	(3.73)	(2.31)
Lev	0.013	−0.003	−0.019	−0.012
	(0.77)	(−0.18)	(−0.90)	(−0.50)
Size	−0.005 *	−0.007 **	−0.007 **	−0.008 **
	(−1.69)	(−2.45)	(−2.19)	(−2.19)
MSP	0.153 **	0.075	0.002	0.031
	(2.01)	(0.84)	(0.02)	(0.28)
CR1	0.015	0.009	0.010	0.021
	(0.84)	(0.48)	(0.56)	(0.95)
COMP	−0.008 **	−0.004	0.000	0.003
	(−2.56)	(−1.23)	(−0.01)	(0.78)
Political	Control	Control	Control	Control
N	1391	1254	1121	990
$P<chi2$	<0.001	<0.001	<0.001	<0.001

注：括号内的 t 值已经进行公司个体的聚类调整（Cluster），*** 、** 、* 分别表示 1%、5%和 10%的显著性水平。

表 6-13 报告了社会资本、所有权性质与盈余操纵在横向比较样本中的回归结果。可以看出:

①社会资本变量 Social Capital 的系数在四个回归分别为 -0.006、-0.014、-0.022 和 -0.034,均为负,且在 ZXDA$(t+2)$ 和 ZXDA$(t+3)$ 年的回归中显著,在 t 年和 $t+1$ 年中未通过显著性检验,说明社会资本并未提高企业的盈余操纵水平,在社会资本之后的 $2\sim3$ 年间,企业甚至会降低正向的盈余操纵,这可能源于企业对政治成本的考虑。

②SOE×Social Capital 的系数在四个回归系数分别为 0.016、0.024、0.032 和 0.040,均为正,在第 t 年时不显著,但是在后三个回归中得到不同程度的显著性水平,说明相较于非国有企业,社会资本对盈余操纵的影响在国有企业中较弱,在有社会资本后,非国有控股的企业相比国有企业更有可能会进行盈余操纵行为。

表 6-13　社会资本、所有权性质与盈余操纵:横向比较

变量	ZXDA	ZXDA$(t+1)$	ZXDA$(t+2)$	ZXDA$(t+3)$
Constant	0.022	0.032	0.044	-0.011
	(0.43)	(0.55)	(0.67)	(-0.15)
Social Capital	-0.006	-0.014	$-0.022*$	$-0.034**$
	(-0.61)	(-1.30)	(-1.77)	(-2.52)
SOE	$-0.013*$	-0.008	-0.015	$-0.024**$
	(-1.64)	(-0.84)	(-1.44)	(-2.11)
SOE×Social Capital	0.016	$0.024*$	$0.032**$	$0.040**$
	(1.41)	(1.85)	(2.17)	(2.52)
ROA	$0.367***$	$0.307***$	$0.150**$	$0.163**$
	(6.06)	(4.50)	(2.27)	(2.09)
Lev	$0.030*$	$0.041**$	0.018	$0.044*$
	(1.82)	(2.14)	(0.89)	(1.87)
Size	-0.003	$-0.005*$	$-0.006*$	-0.002
	(-0.93)	(-1.75)	(-1.64)	(-0.41)

续表

变量	ZXDA	ZXDA($t+1$)	ZXDA($t+2$)	ZXDA($t+3$)
MSP	−0.004	0.023	−0.001	−0.059
	(−0.05)	(0.21)	(−0.01)	(−0.51)
CR1	0.034 *	0.047 **	0.046 **	0.013
	(1.85)	(2.35)	(2.20)	(0.53)
COMP	−0.001	0.001	0.003	0.001
	(−0.45)	(0.46)	(0.82)	(0.29)
Political	Control	Control	Control	Control
N	1674	1402	1133	894
$P < chi2$	<0.001	<0.001	<0.001	<0.001

注:括号内的 t 值已经进行公司个体的聚类调整(Cluster),***、**、* 分别表示 1%、5% 和 10% 的显著性水平。

6.4.3 稳健性检验

本部分稳健性方式采用第 5 章的检验方式,具体为:

表 6-14、表 6-15 采用用原 frequency 和 SOE×frequency 替换 Social Capital 和 SOE×Social Capital 的方式进行稳健性检验。

表 6-14 社会资本、所有权性质与盈余操纵:纵向比较(稳健性检验)

变量	ZXDA	ZXDA($t+1$)	ZXDA($t+2$)	ZXDA($t+3$)
Constant	0.208 ***	0.190 ***	0.122 *	0.094
	(3.69)	(3.10)	(1.91)	(1.32)
frequency	−0.005	−0.018	−0.024 *	−0.025 *
	(−0.47)	(−1.55)	(−1.86)	(−1.80)
SOE	−0.004	−0.003	−0.003	−0.001
	(−0.42)	(−0.30)	(−0.31)	(−0.11)
SOE×frequency	0.011	0.023 *	0.024 *	0.023
	(0.92)	(1.75)	(1.63)	(1.44)

续表

变量	ZXDA	ZXDA($t+1$)	ZXDA($t+2$)	ZXDA($t+3$)
ROA	0.443＊＊＊	0.364＊＊＊	0.246＊＊＊	0.168＊＊
	(6.72)	(5.28)	(3.72)	(2.22)
Lev	0.013	−0.003	−0.017	−0.011
	(0.72)	(−0.14)	(−0.83)	(−0.46)
Size	−0.006＊＊	−0.007＊＊	−0.006＊	−0.007＊
	(−1.98)	(−2.31)	(−1.84)	(−1.93)
MSP	0.160＊＊	0.094	0.027	0.048
	(2.09)	(1.05)	(0.27)	(0.43)
CR1	0.019	0.012	0.013	0.022
	(1.04)	(0.65)	(0.67)	(0.98)
COMP	−0.008＊＊	−0.004	0.001	0.003
	(−2.51)	(−1.14)	(0.20)	(0.96)
Political	Control	Control	Control	Control
N	1391	1254	1121	990
$P<chi2$	<0.001	<0.001	<0.001	<0.001

注:括号内的 t 值已经进行公司个体的聚类调整(Cluster),＊＊＊、＊＊、＊分别表示 1％、5％和10％的显著性水平。

表6-15 社会资本、所有权性质与盈余操纵:横向比较(稳健性检验)

变量	ZXDA	ZXDA($t+1$)	ZXDA($t+2$)	ZXDA($t+3$)
Constant	0.014	0.031	0.043	−0.012
	(0.27)	(0.53)	(0.64)	(−0.16)
frequency	−0.012	−0.011	−0.005	−0.011
	(−0.98)	(−0.93)	(−0.35)	(−0.89)
SOE	−0.003	0.002	−0.003	−0.008
	(−0.41)	(0.23)	(−0.39)	(−0.88)

续表

变量	ZXDA	ZXDA($t+1$)	ZXDA($t+2$)	ZXDA($t+3$)
SOE×frequency	−0.020	0.012	0.014	0.011
	(−1.53)	(0.87)	(0.84)	(0.74)
ROA	0.366***	0.303***	0.134**	0.151**
	(6.01)	(4.44)	(1.94)	(1.95)
Lev	0.029*	0.039**	0.015	0.041*
	(1.78)	(2.03)	(0.72)	(1.75)
Size	−0.002	−0.005*	−0.006*	−0.002
	(−0.71)	(−1.70)	(−1.64)	(−0.43)
MSP	−0.015	0.001	−0.040	−0.103
	(−0.18)	(0.01)	(−0.35)	(−0.94)
CR1	0.035*	0.047**	0.044**	0.014
	(1.89)	(2.34)	(2.13)	(0.58)
COMP	−0.002	0.001	0.003	0.001
	(−0.64)	(0.34)	(0.76)	(0.15)
Political	Control	Control	Control	Control
N	1674	1402	1133	894
$P<chi2$	<0.001	<0.001	<0.001	<0.001

注:括号内的 t 值已经进行公司个体的聚类调整(Cluster),***、**、*分别表示 1%、5%和 10%的显著性水平。

由表 6-14 和表 6-15 可知,社会资本产生了盈余操纵,具体表现为社会资本在 t 年对企业的盈余操纵不显著,但在 $t+1$、$t+2$、$t+3$ 年有逐年增强的趋势,对国有企业虽有盈余操纵的影响,但影响变化不大,而与社会资本的次数的多少关系不大。

6.5 本章小结

本章发现:

(1)社会资本对企业盈余操纵存在正向影响。H2 被证实。

（2）相较于非国有企业，社会资本对盈余操纵的影响在国有企业中较弱；在有社会资本后，非国有企业相比国有企业更有可能会进行盈余操纵。H2a 被证实。

（3）稳健性检验发现：在社会资本当年，对企业的盈余操纵影响不显著，但在接下来的几年，有逐年增强的趋势。此外，社会资本对国有企业虽有盈余操纵的影响，但影响变化不大，并且与社会资本的次数关系不大。

第7章 社会资本与优惠政策

    国内外学者研究发现,企业社会资本与政府补助、税收优惠有密切的关系。Faccio(2006)通过研究发现,企业的社会关联可以通过减免税、返还等政策,以降低企业的实际税率。此外,具有政治关系的企业负债率高于无政治关系的企业,在财务上遇到困难时得到财政援助的可能性会更大。吴文锋、吴冲锋和芮萌(2008)发现,在企业税收负担较为严重的地区,具有政治背景的企业适用税率和实际所得税率,要显著低于无政治背景的企业;而且企业所在地的税负越重,具有政治背景的企业能获得的税收优惠政策越多。潘越、戴亦一和李财喜(2009)认为,具有社会关联的民营企业在处于财务困境时更容易获取政府救助;在地方政府拥有较为充足财力的情形下,处于财务困境的民营企业通过社会关联能获取更多的财政补贴。余明桂、回雅甫和潘红波(2010)研究结果显示,企业的政治联系有助于民营企业获取更多的财政补贴,并且在制度环境越差的省份效果越显著。还有学者通过研究进一步发现,民营企业有社会关联,在获取了政府的财政补助之后,企业绩效与社会效益反而降低,而无社会关联的民营企业,在获得政府的财政补助之后,企业绩效与社会绩效反而显著提升。

    综上所述,建立社会关联的企业更容易获得政府补助(余明桂,2010),并且得到更多的税收优惠(吴文锋,2009)。本章试图研究政府官员对企业的访问是否会起到同样的作用,甚至是得到相反的结论呢?本章进一步分析社会资本是否给企业带来上述同样的好处。进行这一步检验的目的,还在于企业得到更多的政府补助和税收优惠,可能是诱发其过度投资的原因。进一步地证实本文第5章有社会资本关联行为和事件的企业产生过度投资的结论。

    根据本书第2章文献综述的社会资本理论表明,一个开放的社会大系统,所属系统组织中都需要获取所需要的资源,只不过是方式不一样罢了,有的从外部环境获取,有的从其他组织中获取,在资源获取的过程中,控制资源的组织会对资源需求的组织创造依赖。资源的重要性、稀缺性和资源的不可替代性,决定了控制资源的组织自由裁量权的高低,资源需求方对资源控制方的依赖程度也由此决定。如果资源需求方的依赖程度越高,产生的寻租空间也就会越大。在具有中国特色的社会主义市场经济的外部大环境下,企业和政府存在着很强的相互依赖关系。企业对当地政府的依赖主要体现在商业机会、获得关键资源、政府规制、政府推动和政府影响方面。这其中政府补助和税收优惠就是一种关键资源。由于中国的法制不够完善和健全,在政府补助方面,国家对补助对象、补助金额、补助形式等没有具体明确的规定;税法对企业税负的减免权的规定,政府部门的官员享有很高的自由裁量权。为此,企业能否获取政府的补助,补助的数量规模,企业税负的减轻多少,在很大的程度上,要看企业与政府官员的"关系"是否良好,因此本章的优惠政策主要指政府补助和减轻企业税负。

7.1　研究假设

在本章中,我们借鉴余明桂(2010)、吴文锋(2009)和吴联生(2009)等的研究方法,通过描述性统计分析、相关性分析、回归分析及稳健性检验来论证第 3 章提出的第三组假设:

H3:社会资本提升该企业享受的政策优惠。

H3a:对不同所有权的企业(国企与非国企),社会资本对企业享受的政策优惠的影响不同。

企业享受的优惠政策主要有政府补助和税收优惠,因此实证中将这个被解释变量分成两部分:政府补助(Subsidy)和税收优惠(Tax rate)。在本章中,使用 Wind 数据库披露的"政府补助—其他业务收入"的数据,并将标准化后的总资产作为被解释变量。如果企业获得了更多的税收优惠,则直接的表现就是企业实际税负更低。为此,我们使用企业实际税率作为被解释变量,考察社会资本对其的影响。

7.2　数据和度量

7.2.1　解释变量

在第 4 章中,我们将政府机关(部门)的工作人员到企业进行实地调查研究,彼此互相之间建立起来的社会资本关系产生的行为和事件定义为社会资本,为了考察社会资本对企业的影响,将发生社会资本后的年份赋值 1,其他为 0,由此形成解释变量社会资本变量 Social Capital。

7.2.2　被解释变量

定义 5:政府补助 Subsidy 和税收优惠 Tax Rate

考察社会资本对政府补助的影响时,被解释变量为企业获得的政府补助 Subsidy。考察社会资本对税收优惠的影响时,被解释变量为企业的实际所得税率 Tax Rate,等于企业当年所得税费用/税前会计利润。

7.2.3 调节变量

企业所有权性质是社会资本对企业税收优惠的调节变量,在本章中将使用虚拟变量来定义企业的所有权性质,其中国有企业定义变量的取值为 1,民营企业定义变量的取值为 0。

7.2.4 控制变量

(1)行业变量,同第 5 章 5.2.4 第一个控制变量。

(2)其他控制变量,如资产收益率 ROAw、资产负债率 Lev、资本密集度 Capintw、投资密集度 Invintw、企业规模 Size 等。

(3)企业高管的社会资本,是指个体在社会中与政治系统连接的互动过程中,通过各种参与而产生政治行动的个体性权力。在文献综述中我们已经提到,有社会关联的公司能够获取更多的政府补助、更优惠的税收优惠、更多的银行贷款等,而一个企业的高管如果有政治资本,无疑会使企业更容易获得政治资本。

7.2.5 其他变量

定义 6:地区虚拟变量 East

(1)地区虚拟变量 East:为企业注册地为东部地区的虚拟变量,当企业注册地处于东部地区时取值 1,其他取值 0。

(2)税率变量:Tax Rate1、Tax Rate2,Tax Rate1w、Tax Rate2w。

(3)企业价值变量:TobinQ,反映企业的价值。

综上所述,本章中涉及变量如表 7-1 所示。

表 7-1 变量与指标说明

解释变量	Social Capital	社会资本的变量,有社会资本关联行为和事件的企业,取值为 1,否则为 0
被解释变量	Subsidy	政府补助代理变量
被解释变量	Tax Rate	税收优惠代理变量
其他变量	Tax Rate1	实际税率 1

续表

解释变量	Social Capital	社会资本的变量,有社会资本关联行为和事件的企业,取值为1,否则为0
其他变量	Tax Rate2	实际税率2
其他变量	Tax Rate1w	缩尾后的实际税率1:对 Tax Rate1 上下1%缩尾处理
其他变量	Tax Rate2w	缩尾后的实际税率2:对 Tax Rate2 上下1%缩尾处理
调节变量	SOE	所有权性质,当企业的实际控制人性质为国有时,取值1,否则为0
调节变量	SOE×Social Capital	SOE×Social Capital
控制变量	ROAw	资产收益率=净利润/期末总资产
控制变量	Lev	资产负债率=总负债/总资产
控制变量	Capintw	资本密集度=固定资产/总资产
控制变量	Invintw	投资密集度=等于存货/总资产
控制变量	Size	企业规模
其他变量	TobinQ	Tobin's Q 值,反映了企业的价值
控制变量	Political	企业高管的社会资本(是否是人大代表、政协代表,是否有政府工作经历等)

注:后面带 w 的均为缩尾后的指标。其他未列入本表的指标,可以从文中查到。如果在文中没有出现的,可以忽略。

7.3　实证模型设定

7.3.1　社会资本对政府补助的影响

鉴于数据统计口径的一致性,我们使用 Wind 数据库披露的"政府补助一其他业务收入"的数据,并使用标准化后的总资产作为被解释变量(Subsidy)。该数据的披露区间为 2007—2013 年,我们仅使用这一区间的数据来实施检验。借鉴余明桂等(2010)的做法,设置如下模型:

$$Subsidy_{i,t} = \gamma_0 + \gamma_1 Social\ Capital_{i,t} + \gamma_2 SOE_{i,t} + \gamma_3 SOE_{i,t} \times Social\ Capital_{i,t} +$$
$$\gamma_4 Size_{i,t} + \gamma_5 Lev_{i,t} + \gamma_6 East_{i,t} + \gamma_7 Political_{i,t} + v_{i,t}$$

其中,Subsidy 为企业获得的政府补助;Social Capital 为社会资本的代理变量;SOE 表示所有权性质的企业,当上市公司实际控制人为国有时取1,否则为 0;Size 为企业规模,用期末总资产的自然对数表示;Lev 为资产负债率;Political 企业高管的社会资本,作为控制社会关联变量;East 为企业注册地为东部地区的虚拟变量,当企业注册地处于东部地区时取值1,其他取值 0。地区划分采用中国国家统计局的方法,即东部地区包括北京、天津、河北、辽宁、上海、江苏、浙江、福建、山东、广东、海南等11个省(自治区、直辖市)。我们使用纵向比较和横向比较相结合的方法进行考察,如果社会资本等带来更多的政府补助,Social Capital 之前的系数显著为正。

7.3.2 社会资本对企业税收的影响

如果企业获得了更多的税收优惠,则直接的表现就是企业实际税负更低,沿此逻辑,我们使用企业实际税率作为被解释变量,考察社会资本对其的影响,各变量的区间为 2002—2013 年。借鉴吴文锋等(2009)和吴联生(2009)的研究,设置如下模型:

$$Tax\ Rate_{i,t} = \gamma_0 + \gamma_1 Social\ Capital_{i,t} + \gamma_2 SOE_{i,t} + \gamma_3 SOE_{i,t} \times Social\ Capital_{i,t} +$$
$$\gamma_4 Size_{i,t} + \gamma_5 Lev_{i,t} + \gamma_6 ROA_{i,t} + \gamma_7 Capint_{i,t} + \gamma_8 Invint_{i,t} +$$
$$\gamma_9 Political_{i,t} + v_{i,t}$$

其中,Tax Rate 为企业的实际所得税率,等于企业当年所得税费用/税前会计利润;Social Capital 为社会资本的代理变量;SOE 表示所有权性质的企业,当上市公司实际控制人为国有时取 1,否则为 0;Size 为企业规模,等于年末资产总额取自然对数。关于公司规模与实际税率之间的关系,目前主要有两种不同的观点:一种观点认为大公司受到公众更广泛的关注,这个"政治成本"将导致其实际税率较高(Zimmerman,1983);另一种观点认为,大公司的实际税率较低,因为它们可以运用更多的资源进行税收筹划与政治游说。Lev 为资产负债率;ROA 为企业的资产收益率,等于(净利润+财务费用)/总资产,ROA 代表了企业的盈利能力。由于利息具有抵税功能,财务杠杆高的公司,其实际税率相对要低;相反,实际税率较高的公司,由于债务的利息具有抵税功能,因此倾向于举债,这样,也可能在实际税率与财务杠杆之间存在正相关关系。Capint 为企业的资本密集度,等于固定资产/总资产;Invint 为存货密集度,等于存货/总资产。由于长期资产的加速折旧可以降低税负,因此,资本密集度与实际税率负相关;而资本密集度高,往往意味着存货密集度低,因此,存货密集度与公司实际税率正相关。Political 为企业高管的社会资本,作为控制社会关联变量。如果社会资本之后,企业的实际税率降低,则 Social Capital 之前的系数应该显著为负。

7.4　数据分析

7.4.1　描述性统计

7.4.1.1　社会资本对政府补助的影响

表 7-2　有社会资本关联行为和事件的企业的政府补助描述统计量

	Subsidy	Subsidyw
均值	64409758.00	0.00427
标准差	186000000.00	0.007028
中位数	12000000.00	0.001219
缩尾均值	27085734.00	0.002669
最小值	0.00	0
最大值	2200000000.00	0.038829
全距	2200000000.00	0.038829
偏度	7.62	2.652234
峰度	73.20	8.177515
标准误	7028197.00	0.000266

注:后面带 w 的均为缩尾后的指标。

表 7-3　没有社会资本关联行为和事件的企业的政府补助描述统计量

	Subsidy	Subsidyw
均值	41517350.22	0.003285403
标准差	93475202.57	0.005757736
中位数	7300000.00	0.00093

	Subsidy	Subsidyw
缩尾均值	20311707.93	0.00197391
最小值	0.00	0
最大值	1200000000.00	0.0388289
全距	1200000000.00	0.0388289
偏度	5.57	3.286379066
峰度	47.14	13.93384952
标准误	3527994.17	0.000217312

注:后面带 w 的均为缩尾后的指标。

　　从两组数据(表 7-2、表 7-3)的比较中可以看出,从政府补助的总额来看,有社会资本的企业的补助总额要远远大于没有社会资本的企业;从政府补助的相对额(即政府补助总额除以总资产规模)来看,没有社会资本的企业的政府补助相对额大于有社会资本的企业。从描述统计的结果可以初步得出以下结论:有社会资本的企业,得到的政府补贴的绝对额大于没有社会资本的企业;但是和企业的规模比,有社会资本的企业并未比没有社会资本的企业得到更多的政府补贴优惠。

表 7-4　有社会资本的国有企业政府统计描述统计量

	Subsidy	Subsidyw
均值	72768193.27	0.003698
标准差	206578950.50	0.0065105
中位数	10000000.00	0.0009013
缩尾均值	31611272.31	0.002158
最小值	0.00	0
最大值	2200000000.00	0.0388289
全距	2200000000.00	0.0388289
偏度	7.19	2.9851834
峰度	63.02	10.683553
标准误	9156451.00	0.0002886

注:后面带 w 的均为缩尾后的指标。

表 7-5   有社会资本的民营企业政府补助描述统计量

	Subsidy	Subsidyw
均值	41598407.00	0.003821
标准差	96838586.00	0.0064012
中位数	8600000.00	0.0011894
缩尾均值	20174166.00	0.0023685
最小值	0.00	0
最大值	1200000000.00	0.0388289
全距	1200000000.00	0.0388289
偏度	5.68	2.9123486
峰度	44.84	10.424093
标准误	3244214.70	0.0002144

注:后面带 w 的均为缩尾后的指标。

接下来考察企业性质(国企、非国企)得到的政府补贴是否有社会资本的显著影响。从表 7-4 和表 7-5 可以看出,有社会资本的企业中,国有企业得到的政府补贴的总额的平均值为 72768193.27,远远大于民营企业的平均值 41598407;从政府补贴的相对额来看,国有企业受到的政府补贴的相对额的平均值为 0.003698,略小于民营企业的平均值 0.003821。从描述的结果可以得到以下初步的判断:从补贴的总额来看,国有企业得到的政府补贴大于民营企业;但是若考虑企业的规模,并不能说明有社会资本的国有企业一定比民营企业得到更大的政府补贴优惠。

7.4.1.2   高管政治资本对企业得到政府补助的影响

表 7-6   企业高管没有社会资本的企业政府补助描述统计量

	Subsidy	Subsidyw
极小值	0.00	0.00000
极大值	1200000000.00	0.03883
全距	1200000000.00	0.03883

续表

	Subsidy	Subsidyw
均值	42025205.77	0.0036841
中位数	8000000.00	0.0013331
缩尾均值	25583561.96	0.0026937
标准差	96658976.25	0.00625025
偏度	5.47	3.104
峰度	45.50	11.811

注:后面带 w 的均为缩尾后的指标。

表 7-7　企业高管有社会资本的企业政府补助描述统计量

	Subsidy	Subsidyw
极小值	0.00	0.00000
极大值	2200000000.00	0.03883
全距	2200000000.00	0.03883
均值	60464702.12	0.0038400
中位数	11000000.00	0.0008870
缩尾均值	34225407.08	0.0028344
标准差	173483641.60	0.00656932
偏度	8.05	2.855
峰度	83.09	9.930

注:后面带 w 的均为缩尾后的指标。

　　上述两组数据(表 7-6、表 7-7)显示,有政治资本的企业受到的政府补助数额远远高于没有政治资本的企业;从企业得到的补助的相对额度来看,高管有社会资本的企业也略高于高管没有社会资本的企业,说明如果企业高管具有政治背景,则企业更容易得到政府的补助。

7.4.1.3 社会资本对企业税负的影响

表 7-8 有社会资本企业的税负

变量	均值	标准差	中位数	缩尾均值	最小值	最大值	全距	偏度	峰度	标准误
Tax Rate1	0.2364	0.1517	0.1978	0.2201	0.0017	0.9325	0.9308	1.3166	2.6344	0.0057
Tax Rate2	0.2124	0.1335	0.1885	0.1987	0.0006	0.9488	0.9481	1.7060	5.2087	0.0050
Tax Rate1w	0.2361	0.1503	0.1978	0.2201	0.0050	0.8528	0.8478	1.2377	2.1486	0.0057
Tax Rate2w	0.2112	0.1279	0.1885	0.1987	0.0077	0.7189	0.7112	1.3666	3.0800	0.0048

注:后面带 w 的均为缩尾后的指标。

表 7-9 没有社会资本企业的税负

变量	均值	标准差	中位数	缩尾均值	最小值	最大值	全距	偏度	峰度	标准误
Tax Rate1	0.2674	0.1804	0.2239	0.1425	0.0000	0.9487	0.9487	1.2967	1.7459	0.0071
Tax Rate2	0.2146	0.1302	0.1915	0.1061	0.0000	0.9719	0.9719	1.5133	4.8167	0.0051
Tax Rate1w	0.2668	0.1784	0.2239	0.1425	0.0050	0.8528	0.8478	1.2365	1.4486	0.0070
Tax Rate2w	0.2135	0.1250	0.1915	0.1061	0.0077	0.7189	0.7112	1.1260	2.2052	0.0049

注:后面带 w 的均为缩尾后的指标。

从表 7-8 和表 7-9 中的数据可以看出,有社会资本的企业的实际税率的均值为 0.2364、缩尾平均数为 0.2201;没有社会资本企业实际税率的均值为 0.2674,缩尾平均数为 0.1425。有社会资本企业平均实际税负水平要高于没有社会资本企业平均税负水平,但是在去除异常值之后,没有社会资本的税负均值反而更高。有社会资本税率的标准误差也要小于没有社会资本的企业,有社会资本的企业的实际税率均值具有更好的代表性。从描述性分析可以看出,社会资本可以为企业带来税收的优惠,但这种效应的大小以及是否具有持续性还需进一步分析。

表7-10　高管有社会资本的企业的税负描述性统计量

	均值	缩尾均值	中值	标准差	偏度	峰度	极小值	极大值	全距
Tax Rate1	0.2614	0.2500	0.2263	0.1613	1.1203	1.7531	0.0017	0.9134	0.9117
Tax Rate2	0.2158	0.2076	0.2027	0.1262	1.6000	6.0312	0.0006	0.9488	0.9481
Tax Rate1w	0.2611	0.2500	0.2263	0.1604	1.0797	1.5329	0.0050	0.8528	0.8478
Tax Rate2w	0.2146	0.2076	0.2027	0.1203	1.1203	2.7436	0.0077	0.7189	0.7112

注：后面带 w 的均为缩尾后的指标。

表7-11　高管没有社会资本的企业的税负描述性统计量

	均值	缩尾均值	中值	标准差	偏度	峰度	极小值	极大值	全距
Tax Rate1	0.2475	0.2330	0.2050	0.1685	1.4379	2.5487	0.0000	0.9487	0.9487
Tax Rate2	0.2126	0.2018	0.1884	0.1339	1.6321	4.8170	0.0000	0.9719	0.9719
Tax Rate1w	0.2470	0.2330	0.2050	0.1665	1.3621	2.1263	0.0050	0.8528	0.8478
Tax Rate2w	0.2115	0.2018	0.1884	0.1287	1.3031	2.7048	0.0077	0.7189	0.7112

注：后面带 w 的均为缩尾后的指标。

表7-10 和表7-11 为高管有社会资本和高管没有社会资本的企业的税负描述性统计表，结果显示高管政治资本对企业税负的影响因素不大。本节还将进一步分析，在有社会资本的企业中，高管有社会资本和高管没有社会资本的企业税负没有区别，即高管政治资本对企业税负没有影响。

7.4.1.4　相关分析

运用相关分析方法，从纵向和横向分别来比较被解释变量政府补助 Subsidy 与解释变量社会资本 Social Capital、所有权性质的企业 SOE、SOE×Social Capital、企业规模 Size、资产负债率 Lev、企业所属地域 East、企业高管政治资本变量 Political 之间相关关系，以纵向比较数据为例，具体数据参看表7-12。

通过考察被解释变量与解释变量之间的皮尔逊相关系数，可以看出被解释变量与解释变量 SOE×Social Capital、企业规模 Size、资产负债率

Lev、企业所属地域 East 之间存在着相关关系。而与社会资本 Social Capital、所有权性质的企业 SOE、高管政治资本 Political 之间的没有相关关系。相关性最大的变量为企业规模 Size,相关系数为 0.365;相关系数最小的是国有性化程度 SOE,相关系数仅为 0.039。

表 7-12 纵向比较所用变量的相关关系

值向量间的相关性							
	Subsidy	Social Capital	SOE	SOE_Social Capital	Size	Lev	East	Policital
Subsidy	1.000	0.048	0.039	0.081	0.365	0.116	0.121	0.074
Social Capital	0.048	1.000	−0.079	0.571	0.139	0.015	−0.017	−0.037
SOE	0.039	−0.079	1.000	0.529	0.260	0.207	0.180	−0.108
SOE×Social Capital	0.081	0.571	0.529	1.000	0.291	0.104	0.089	−0.076
Size	0.365	0.139	0.260	0.291	1.000	0.236	0.230	−0.026
Lev	0.116	0.015	0.207	0.104	0.236	1.000	−0.022	−0.019
East	0.121	−0.017	0.180	0.089	0.230	−0.022	1.000	−0.094
Policital	0.074	−0.037	−0.108	−0.076	−0.026	−0.019	−0.094	1.000

同样,我们可以分析被解释变量 Tax Rate 企业的实际所得税率与其他解释变量的相关关系,参看表 7-13。

表 7-13 纵向比较所用变量的相关关系

值向量间的相关性										
	Tax Rate1	Tax Rate2	Social Capital	SOE	SOE_Social Capital	Sizew	Levw	ROAw	Capintw	Invintw	Policital
Tax Rate1	1.000	0.731	−0.003	0.079	0.090	0.085	0.150	−0.220	0.122	0.099	−0.055
Tax Rate2	0.731	1.000	0.081	0.049	0.120	0.153	0.164	−0.227	0.080	0.090	−0.047

	值向量间的相关性									
	Tax Rate1	Tax Rate2	Social Capital	SOE	SOE_Social Capital	Sizew	Levw	ROAw	Capintw	Invintw	Policital
Social Capital	−0.003	0.081	1.000	−0.070	0.702	0.306	0.059	−0.027	−0.085	0.016	0.025
SOE	0.079	0.049	−0.070	1.000	0.520	0.230	0.100	−0.102	0.221	−0.012	−0.099
SOE×Social Capital	0.090	0.120	0.702	0.520	1.000	0.353	0.120	−0.127	0.078	−0.012	−0.015
Sizew	0.085	0.153	0.306	0.230	0.353	1.000	0.370	0.023	0.137	−0.074	−0.001
Levw	0.150	0.164	0.059	0.100	0.120	0.370	1.000	−0.274	0.023	0.183	−0.084
ROAw	−0.220	−0.227	−0.027	−0.102	−0.127	0.023	−0.274	1.000	−0.028	0.075	0.072
Capintw	0.122	0.080	−0.085	0.221	0.078	0.137	0.023	−0.028	1.000	−0.469	0.007
Invintw	0.099	0.090	0.016	−0.012	−0.012	−0.074	0.183	−0.075	−0.469	1.000	−0.109
Policital	−0.055	−0.047	0.025	−0.099	−0.015	−0.001	−0.084	0.072	0.007	−0.109	1.000

注:后面带 w 的均为缩尾后的指标。

从表 7-13 可以看出,Tax Rate 和资产负债率 Lev、ROA、Capint、SOE ×Social Capital、Invint 变量的相关性比较强,相关性最强的是 Lev,与 Policital 的相关系数为 0.055。

7.4.2 回归分析

7.4.2.1 社会资本对政府补助的影响

表 7-14 和表 7-15 分别报告了纵向比较和横向比较的回归结果。从表 7-14 中可以发现,Social Capital 之前的系数在以 t 期至 $t+2$ 期的 Subsidy 为被解释变量的回归中显著为正,说明社会资本至少在当期及之后的 2 期 内为企业带来了更多的政府补助。

表 7-14　社会资本、所有权性质与政府补助：纵向比较

变量	Subsidy(t)	Subsidy($t+1$)	Subsidy($t+2$)	Subsidy($t+3$)
Constant	0.012 * * *	0.015 * * *	0.023 * * *	0.037 * * *
	(3.08)	(3.52)	(4.68)	(6.41)
Social Capital	0.004 * * *	0.005 * * *	0.003 * *	0.001
	(4.45)	(4.16)	(2.03)	(0.63)
SOE	0.000	0.000	0.000	0.000
	(0.13)	(0.45)	(0.35)	(−0.16)
SOE×Social Capital	−0.002	−0.003 * *	−0.002	−0.001
	(−1.50)	(−2.08)	(−1.49)	(−0.44)
Size	−0.000 * *	−0.001 * * *	−0.001 * * *	−0.001 * * *
	(−2.33)	(−2.83)	(−3.75)	(−5.35)
Lev	−0.002	−0.001	0.000	0.001
	(−1.49)	(−0.53)	(−0.29)	(0.48)
East	−0.001	−0.001	−0.001	−0.001
	(−1.41)	(−1.32)	(−1.25)	(−1.06)
Political	Control	Control	Control	Control
N	851	710	578	451
$P<chi2$	<0.001	<0.001	<0.001	<0.001

注：括号内的 t 值已经进行公司个体的聚类调整（Cluster），* * *、* *、* 分别表示 1%、5% 和 10% 的显著性水平。

表 7-15 的结果显示，社会资本 Social Capital 的 4 个回归系数分别为 0.002、0.002、0.002 和 0.003，符号均为正，全部都通过 5% 的统计显著性检验，并且系数基本没有变化，表明社会资本可以为企业带来更多的政府补助，并且这种作用在 t 年至 $t+3$ 年中是稳定的。关于企业所有权性质的调节作用，在表 7-14 和表 7-15 中，SOE×Social Capital 除了在纵向比较中以 Subsidy($t+1$) 未被解释变量的回归中显著为负外，其他均不显著，这表明整体上所有权性质并未对社会资本与政府补助的关系产生显著影响。企业规模 size 的 4 个回归系数全部都为 0.001，符号均为负，全部都通过

1%的统计显著性检验;资产负债率 lev 在 t 期中其回归系数的 t 统计量为 0.87,不能通过 10% 的显著性水平检验,而在之后的 3 期中系数分别为 0.002、0.003、0.003,符号均为正,在不同程度上统计显著,并且系数基本没有变化。由于高管政治资本控制作用,在这里得到社会资本与政府补贴,与企业的规模大小、内部可持续增长对资金的需求、是选择内部股权融资还是债权融资结果是不一样的。本节受研究主题的限制,但作为问题提出来,为感兴趣的研究者将来研究社会资本与企业内部治理的关系提供文献。

表 7-15　社会资本、所有权性质与政府补助:横向比较

变量	Subsidy(t)	Subsidy($t+1$)	Subsidy($t+2$)	Subsidy($t+3$)
Constant	0.018 ***	0.023 ***	0.029 ***	0.036 ***
	(5.55)	(6.05)	(6.21)	(6.85)
Social Capital	0.002 **	0.002 **	0.002 **	0.003 **
	(2.06)	(2.25)	(2.33)	(2.22)
SOE	−0.001	−0.001	0.000	0.000
	(−1.60)	(−1.27)	(−0.37)	(0.35)
SOE×Social Capital	−0.001	−0.001	−0.002	−0.001
	(−0.78)	(−1.36)	(−1.52)	(−1.12)
Size	−0.001 ***	−0.001 ***	−0.001 ***	−0.001 ***
	(−4.36)	(−5.11)	(−5.42)	(−6.08)
Lev	0.001	0.002 **	0.003 ***	0.003 **
	(0.87)	(1.98)	(2.68)	(2.53)
East	0.000	0.000	0.000	0.000
	(−0.75)	(−0.36)	(−0.15)	(−0.21)
Political	Control	Control	Control	Control
N	1400	1116	848	612
P<chi2	<0.001	<0.001	<0.001	<0.001

注:括号内的 t 值已经进行公司个体的聚类调整(Cluster),*** 、** 、* 分别表示 1%、5%和 10%的显著性水平。

7.4.2.2　社会资本对企业税负的影响

表 7-16 报告的是纵向比较的回归结果,Social Capital 变量的回归系数在 t 期至 $t+3$ 期 -0.054、-0.027、-0.011 和 -0.009 分别为负,不难发现,Social Capital 的系数在当期的回归中显著为负,说明社会资本至少在当期降低了企业的实际所得税率;SOE×Social Capital 的系数在相应的回归中均显著为正,说明国有所有权性质的企业实际所得税率降低的更少。

沿续前面报告纵向比较的回归结果,其中 Size、ROA、Capint、Invint 4 个变量,ROA 均显著为负,Size、Capint、Invint 全部均显著为正。说明企业利用财务杠杆达到降低企业所得税率。企业规模存在经济学中规模经济效应,资本密集度和存货密集度彼此相互转化,加速折旧可以起到税盾的作用,资本密集度与公司实际税率负相关,存货密集度与公司实际税率正相关,企业高管社会关联的目的就是要使实际税率更低。结合 Social Capital 变量的回归系数负数,初步实证得出社会资本与企业税收负担减轻优惠政策的结论。

表 7-16　社会资本、所有权性质与实际税负:纵向比较

变量	Tax Rate(t)	Tax Rate($t+1$)	Tax Rate($t+2$)	Tax Rate($t+3$)
Constant	-0.002	-0.100	-0.160	-0.083
	(-0.03)	(-1.08)	(-1.61)	(-0.75)
Social Capital	$-0.054***$	-0.027	-0.011	-0.009
	(-2.84)	(-1.35)	(-0.55)	(-0.40)
SOE	$-0.047**$	-0.022	-0.008	-0.001
	(-2.38)	(-1.16)	(-0.41)	(-0.06)
SOE×Social Capital	$0.066***$	$0.040*$	0.023	0.011
	(3.03)	(1.79)	(0.97)	(0.42)
Size	$0.010**$	$0.013***$	$0.015***$	$0.012**$
	(2.36)	(2.85)	(3.26)	(2.32)
Lev	0.024	0.019	0.001	0.050
	(0.81)	(0.62)	(0.05)	(1.45)

续表

变量	Tax Rate(t)	Tax Rate($t+1$)	Tax Rate($t+2$)	Tax Rate($t+3$)
ROA	−0.623 ***	−0.277 **	−0.277 ***	−0.422 ***
	(−6.42)	(−2.58)	(−2.75)	(−3.90)
Capint	0.168 ***	0.162 ***	0.180 ***	0.153 ***
	(6.00)	(5.49)	(5.84)	(4.61)
Invint	0.228 ***	0.218 ***	0.199 ***	0.113 **
	(5.58)	(5.04)	(4.23)	(2.15)
Political	Control	Control	Control	Control
N	1169	950	827	713
P<chi2	<0.001	<0.001	<0.001	<0.001

注:括号内的 t 值已经进行公司个体的聚类调整(Cluster),***、**、*分别表示 1%、5%和10%的显著性水平。

表7-17 报告的是横向比较的回归结果,我们发现,Social Capital 的系数在当期和 $t+1$、$t+2$ 期的回归中显著为负,说明社会资本至少在当期和 $t+1$、$t+2$ 期降低了企业的实际所得税率;SOE×Social Capital 的系数仅在当期的回归中显著为正,说明国有所有权性质的企业实际所得税率降低更少的现象可能仅在当期和 $t+1$、$t+2$ 期存在。

同理,与上述表 7-16 纵向回归结果相比较、结合表 7-17 横向回归结果,做深入的分析。Size、ROA、Capint、Invint 4 个回归变量中,除了 ROA 的 Tax Rate($t+2$)外,全部通过不同程度(1%、5%、10%)的统计显性检验,更进一步证实了社会资本与税收优惠的结论。

表7-17 社会资本、所有权性质与实际税负:横向比较

变量	Tax Rate(t)	Tax Rate($t+1$)	Tax Rate($t+2$)	Tax Rate($t+3$)
Constant	0.037	0.001	−0.102	−0.063
	(0.43)	(0.01)	(−0.94)	(−0.55)
Social Capital	−0.060 ***	−0.054 ***	−0.032 *	−0.011
	(−3.84)	(−2.88)	(−1.65)	(−0.51)

续表

变量	Tax Rate(t)	Tax Rate($t+1$)	Tax Rate($t+2$)	Tax Rate($t+3$)
SOE	−0.008	0.003	0.022	0.038 ∗
	(−0.48)	(0.18)	(1.11)	(1.84)
SOE×Social Capital	0.039 ∗∗	0.025	0.005	−0.017
	(2.08)	(1.11)	(0.21)	(−0.66)
Size	0.010 ∗∗	0.011 ∗∗	0.014 ∗∗∗	0.012 ∗∗
	(2.43)	(2.44)	(2.72)	(2.24)
Lev	0.007	−0.030	−0.009	−0.034
	(0.26)	(−0.97)	(−0.27)	(−0.93)
ROA	−0.479 ∗∗∗	−0.291 ∗∗∗	−0.154	−0.226 ∗
	(−4.48)	(−2.75)	(−1.46)	(−1.81)
Capint	0.083 ∗∗∗	0.112 ∗∗∗	0.124 ∗∗∗	0.114 ∗∗∗
	(3.01)	(3.60)	(3.59)	(3.01)
Invint	0.176 ∗∗∗	0.214 ∗∗∗	0.205 ∗∗∗	0.183 ∗∗∗
	(4.35)	(4.63)	(3.86)	(2.79)
Political	Control	Control	Control	Control
N	1351	989	767	589
$P<chi2$	<0.001	<0.001	<0.001	<0.001

注：括号内的 t 值已经进行公司个体的聚类调整（Cluster），∗∗∗、∗∗、∗ 分别表示 1%、5% 和 10% 的显著性水平。

7.4.3　稳健性检验

为了验证上述结果的可靠性，我们进行了如下的稳健性检验。

（1）使用社会资本的次数替代 Social Capital，重复文中的检验，结果未发生实质变化。

（2）在计算实际税率时，使用（所得税费用−递延所得税费用）/税前会计利润来替代文中的 Tax Rate，重复运行模型（2），如表 7-18 所示，结果与表 7-14 和表 7-15～表 7-17 保持一致。

表 7-18　社会资本、所有权性质与政府补助:纵向比较(稳定性检验)

变量	Tax Rate(t)	Tax Rate($t+1$)	Tax Rate($t+2$)	Tax Rate($t+3$)
Constant	0.012 ***	0.017 ***	0.025 ***	0.037 ***
	(3.22)	(3.99)	(5.08)	(6.36)
frequency	−0.002 *	0.000	−0.002 *	0.002
	(−1.87)	(0.35)	(−1.67)	(1.05)
SOE	−0.002 ***	−0.002 ***	−0.002 **	−0.000
	(−2.79)	(−3.01)	(−2.32)	(−0.37)
SOE× frequency	0.002	0.001 **	0.002 **	−0.002
	(1.40)	(0.50)	(1.92)	(−1.02)
Size	−0.000	−0.000 **	−0.001 ***	−0.001 ***
	(−1.49)	(−2.52)	(−3.68)	(−5.27)
Lev	−0.002	−0.001	−0.001	0.001
	(−1.51)	(−0.54)	(−0.32)	(0.58)
East	−0.001 *	−0.001	−0.001	−0.001
	(−1.62)	(−1.09)	(−1.06)	(−1.02)
Political	Control	Control	Control	Control
N	851	710	578	451
$P<chi2$	<0.001	<0.001	<0.001	<0.001

注:括号内的 t 值已经进行公司个体的聚类调整(Cluster),***、**、*分别表示 1%、5%和 10%的显著性水平。

表 7-19　社会资本、所有权性质与政府补助:横向比较(稳健性检验)

变量	Tax Rate(t)	Tax Rate($t+1$)	Tax Rate($t+2$)	Tax Rate($t+3$)
Constant	0.018 ***	0.024 ***	0.030 ***	0.036 ***
	(5.54)	(6.27)	(6.42)	(6.80)
frequency	−0.002 *	0.001 **	−0.001	0.003 *
	(−1.71)	(0.45)	(−1.08)	(1.72)

续表

变量	Tax Rate(t)	Tax Rate($t+1$)	Tax Rate($t+2$)	Tax Rate($t+3$)
SOE	−0.001 ***	−0.002 ***	−0.002 **	−0.000
	(−3.19)	(−3.17)	(−2.35)	(−0.22)
SOE× frequency	0.001	0.000	0.002	−0.002
	(1.28)	(0.33)	(1.57)	(−1.45)
Size	−0.001 ***	−0.001 ***	−0.001 ***	−0.001 ***
	(−3.89)	(−4.99)	(−5.30)	(−5.88)
Lev	0.001	0.002 *	0.003 ***	0.004 ***
	(0.58)	(1.86)	(2.52)	(2.59)
East	−0.001 *	−0.000	−0.000	−0.000
	(−1.64)	(−0.84)	(−0.80)	(−0.54)
Political	Control	Control	Control	Control
N	1400	1116	848	612
$P<chi2$	<0.001	<0.001	<0.001	<0.004

注:括号内的 t 值已经进行公司个体的聚类调整(Cluster),***、**、* 分别表示 1%、5%和10%的显著性水平。

表 7-20 社会资本、所有权性质与实际税负:纵向比较(稳定性检验)

变量	Tax Rate(t)	Tax Rate($t+1$)	Tax Rate($t+2$)	Tax Rate($t+3$)
Constant	0.006	0.039	0.108	0.028
	(0.07)	(0.47)	(1.21)	(0.27)
Social Capital	0.051 ***	0.030 **	0.015	0.019 **
	(3.29)	(1.76)	(0.82)	(0.95)
SOE	0.056 ***	0.036 **	0.015	0.013
	(3.49)	(2.15)	(0.82)	(0.69)
SOE×Social Capital	−0.076 ***	−0.058 ***	−0.034 *	−0.028
	(−4.22)	(−3.00)	(−1.68)	(−1.24)

续表

变量	Tax Rate(t)	Tax Rate($t+1$)	Tax Rate($t+2$)	Tax Rate($t+3$)
Size	−0.004	−0.004	−0.006	−0.002
	(−1.07)	(−0.92)	(−1.30)	(−0.47)
Lev	−0.018	−0.019	−0.021	−0.069**
	(−0.72)	(−0.69)	(−0.73)	(−2.13)
ROA	0.605***	0.306***	0.230**	0.367***
	(6.98)	(3.14)	(2.46)	(3.41)
Capint	−0.044*	−0.044*	−0.071***	−0.050*
	(−1.82)	(−1.76)	(−2.69)	(−1.70)
Invint	−0.126***	−0.131***	−0.137***	−0.071
	(−3.60)	(−3.54)	(−3.58)	(−1.56)
Political	Control	Control	Control	Control
N	1146	932	812	700
P<chi2	<0.001	<0.001	<0.001	<0.001

注:括号内的 t 值已经进行公司个体的聚类调整(Cluster),***、**、*分别表示 1%、5%和10%的显著性水平。

表 7-21 社会资本、所有权性质与实际税负:横向比较(稳定性检验)

变量	Tax Rate(t)	Tax Rate($t+1$)	Tax Rate($t+2$)	Tax Rate($t+3$)
Constant	−0.007	0.001	0.091	0.017
	(−0.08)	(0.01)	(0.92)	(0.15)
Social Capital	0.037***	0.038**	0.026	0.010
	(2.56)	(2.31)	(1.46)	(0.53)
SOE	0.008	0.001	−0.010	−0.018
	(0.50)	(0.07)	(−0.54)	(−0.92)
SOE×Social Capital	−0.035**	−0.028	−0.014	−0.001
	(−1.96)	(−1.39)	(−0.65)	(−0.03)

续表

变量	Tax Rate(t)	Tax Rate($t+1$)	Tax Rate($t+2$)	Tax Rate($t+3$)
Size	−0.003	−0.003	−0.005	−0.001
	(−0.73)	(−0.68)	(−0.98)	(−0.24)
Lev	−0.030	0.013	−0.021	−0.007
	(−1.08)	(0.43)	(−0.67)	(−0.20)
ROA	0.491 ***	0.306 ***	0.129	0.205 *
	(5.29)	(3.37)	(1.38)	(1.71)
Capint	−0.005	−0.043	−0.074 **	−0.072 **
	(−0.21)	(−1.50)	(−2.42)	(−2.06)
Invint	−0.095 **	−0.141 ***	−0.155 ***	−0.141 **
	(−2.43)	(−3.19)	(−3.13)	(−2.21)
Political	Control	Control	Control	Control
N	1321	969	749	576
$P<chi2$	<0.001	<0.001	<0.001	<0.004

注:括号内的 t 值已经进行公司个体的聚类调整(Cluster),***、**、* 分别表示 1%、5%和 10%的显著性水平。

7.5　本章小结

本章可得出以下结论:

(1)有社会资本的企业得到的政府补贴的绝对金额大于未有社会资本的企业。H3 被证实。国有企业得到的政府补贴大于民营企业。H3a 被证实。

(2)考虑到企业规模,我们发现不同的结果:有社会资本的企业并未比没有社会资本的企业得到更有利的政府补贴优惠;有社会资本的国有企业并未比民营企业得到更大的政府补贴优惠。

(3)企业高管是否具有社会资本,对于企业受到的政府补助数额有影响。有政治资本的企业得到的政府补助远远高于没有政治资本的企业。从企业得到的补助的相对额度来看,高管有社会资本的企业也略高于高管没有社会资本的企业。

(4)企业的高管政治资本对企业的负税没有正面或者负面的影响。

第8章 社会资本与企业绩效

最近几年,国内外很多专家、学者对社会关联进行了大量的研究,发现社会关联作为一种非正式的替代制度,会对企业绩效产生一定的影响。"政府和企业的社会关联对企业价值的影响"是一个热点研究问题。关于在这个领域方面的问题的研究,研究者由于不同的研究样本和方法以及度量指标的不同,至今未取得一致的结论。许多文献大部分证实了相比没有社会关联的企业,拥有社会关联的企业更容易获得更多的社会资本,尤其是稀缺资源。同时大部分学者认为社会关联具有效率作用(社会关联的效率假设),即对于民营企业,拥有社会关联可以使得企业从政府获得更多的财政支持、银行贷款,促进了企业的经济发展并提高了企业的社会绩效。同时,也存在着不同的观点,例如,Joseph 和 Aggarwal(2007)、Shleifer 和 Vishny(1994)的实证研究表明,社会关联会对企业价值产生负面影响;Fisman、Galef 和 Khurana(2007)认为,社会关联与企业绩效无关。

8.1 研究假设

本章我们将根据 Wind 数据库披露的数据,使用 Tobin's Q、资产收益率 ROA 标准化后作为被解释变量(Tobinqw、ROAw),分析第 3 章提出的第四组假设:

H4:社会资本提升该企业的绩效

H4a:对不同所有权的企业(国企与非国企),社会资本对企业绩效的影响不同。

8.2 数据和度量

8.2.1 解释变量

在第 4 章中,我们将社会资本关联行为和事件定义为社会资本,为了考察社会资本对企业的影响,将发生社会资本关联行为和事件后的年份赋值 1,其他为 0,由此形成解释变量,即社会资本变量 Social Capital。

8.2.2　被解释变量

关于企业绩效的衡量指标,主要有以下两类:第一类是反映上市公司市场价值的指标,如股票价格、市净率、市值、股票回报率、Tobin's Q 等,其中 Tobin's Q 是国际上多数学者最常使用的衡量指标;第二类是反映上市公司账面价值指标,如主营业务收益率、总资产收益率 ROA 和净资产收益率 ROE、净利润率 ROS、资产周转率 AT 等。

定义 7:企业绩效衡量变量 Tobin's Q 和 ROA

本章分别使用 Tobin's Q、总资产收益率 ROA 作为被解释变量,考察社会资本对企业绩效的具体影响,同时检验结果的稳健性。

8.2.3　调节变量

企业所有权性质是社会资本对企业绩效影响的调节变量,在本章中将使用虚拟变量来定义企业的所有权性质,其中国有企业定义变量的取值为 1,民营企业定义变量的取值为 0。

8.2.4　控制变量

本章中涉及的控制变量有:企业收入增长率 growthw、投资密集度 Invintw、资产负债率 Lev、企业规模 Sizew、企业高管的社会资本 Political 等。

综上所述,本章涉及的所有变量如表 8-1 所示。

表 8-1　变量与指标说明

解释变量	Social Capital	社会资本的变量,有社会资本关联行为和事件的企业,取值为 1,否则为 0
被解释变量	Tobinq	Tobin's Q 值,反映了企业的价值
被解释变量	ROA	总资产收益率
调节变量	SOE	所有权性质,当企业的实际控制人性质为国有时,取值 1,否则为 0
调节变量	SOE×Social Capital	SOE×Social Capital

续表

控制变量	Size	企业规模＝总资产取自然对数
控制变量	Growth	企业收入增长率＝（本年销售收入－上年销售收入）/上年销售收入
控制变量	Lev	资产负债率＝总负债/总资产
控制变量	Invint	投资密集度＝存货/总资产
控制变量	Political	企业高管的社会资本（是否是人大代表、政协代表、是否有政府工作经历等）

8.3　实证模型设定

鉴于数据统计口径的一致性，我们使用 Wind 数据库披露的数据，并使用 Tobin's Q、资产收益率 ROA 标准化后作为被解释变量（Tobinqw、ROAw）。该数据的披露区间为 2002－2013 年，本节使用这一区间的数据来实施检验。借鉴杜兴强（2009）等的做法，设置如下两个模型：

$$\text{Tobinq}_{i,t} = \gamma_0 + \gamma_1 \text{Social Capital}_{i,t} + \gamma_2 \text{SOE}_{i,t} + \gamma_3 \text{SOE}_{i,t} \times \text{Social Capital}_{i,t} +$$
$$\gamma_4 \text{Size}_{i,t} + \gamma_5 \text{Growth}_{i,t} + \gamma_6 \text{Lev}_{i,t} + \gamma_7 \text{Invint}_{i,t} + \gamma_8 \text{Political}_{i,t} \quad (1)$$

$$\text{ROA}_{i,t} = \gamma_0 + \gamma_1 \text{Social Capital}_{i,t} + \gamma_2 \text{SOE}_{i,t} + \gamma_3 \text{SOE}_{i,t} *$$
$$\text{Social Capital}_{i,t} + \gamma_4 \text{Size}_{i,t} + \gamma_5 \text{Growth}_{i,t} + \gamma_6 \text{Lev}_{i,t} +$$
$$\gamma_7 \text{Invint}_{i,t} + \gamma_8 \text{Political}_{i,t} \quad (2)$$

其中，Tobin's Q 为衡量企业绩效的变量；ROA 为企业的资产收益率，等于（净利润＋财务费用）/总资产，代表了企业的盈利能力；Social Capital 为社会资本的代理变量；SOE 表示所有权性质的企业，当上市公司实际控制人为国有时取 1，否则为 0；SOE×Social Capital 表示企业所有权性质与社会资本的综合作用；Size 为企业规模，用期末总资产的自然对数表示；Growth 表示企业的收入增长率，等于（本年销售收入－上年销售收入）/上年销售收入；Lev 为资产负债率，等于总负债/总资产；Invint 为存货密集度，等于存货/总资产。由于长期资产的加速折旧可以降低税负，因此，资本密集度与实际税率负相关，而资本密集度高，往往意味着存货密集度低，因此，存货密集度与公司绩效正相关。Political 企业高管的社会资本，作为控制社会关联变量。同样地，如果社会资本能够提升企业绩效，Social Capital 之前的系数应当显著为正；如果社会资本降低企业绩效，Social Capital

之前的系数则显著为负。

8.4　数据分析

8.4.1　描述性统计

8.4.1.1　不同所有权性质企业的绩效差别

依据上面的研究,本节使用净资产收益率 ROE 作为企业绩效的衡量指标。表 8-2 和 8-3 为国有企业和非国有企业的企业绩效描述性统计量表,从表中可以看出,两类企业的净资产收益率的均值为 0.076 和 0.096,排除 5% 的异常数据以后的缩尾均值为 0.091 和 0.105,非国有企业的净资产收益率高于国有企业,说明非国有企业的效益比国有企业的要好。此外,图 8-1 为不同所有权性质净资产收益率的箱线图,图中所有权性质取值 1 的为国有企业,0 为非国有企业。由此可以看出,两种性质的资产收益率存在细微的差别,民营企业的绩效略高于国有企业的绩效;两者的方差都较大,离群点较多,说明无论是国有企业还是民营企业,不同企业的绩效表现存在很大的差别。Tobinq 值指标的数据也说明了两类企业的差别。

表 8-2　国有企业(所有权性质取 1)绩效描述性统计量表

	均值	缩尾均值	中值	标准差	方差	偏度	峰度	极小值	极大值	全距
Tobinq	1.556	1.414	1.247	1.035	1.072	5.763	58.767	0.368	17.456	17.088
ROA	0.052	0.052	0.046	0.058	0.003	−0.274	10.268	−0.415	0.488	0.903
ROE	0.076	0.091	0.082	0.248	0.062	−16.652	412.309	−6.531	0.840	7.371
Tobinqw	1.536	1.414	1.247	0.857	0.735	2.962	11.042	0.782	6.228	5.446
ROAw	0.052	0.052	0.046	0.052	0.003	0.036	2.601	−0.136	0.228	0.364
MFEE	0.072	0.065	0.059	0.084	0.007	15.116	347.779	−0.027	2.211	2.238
Growth	0.160	0.132	0.118	0.357	0.128	4.587	39.699	−0.975	4.499	5.474
OREC	0.017	0.013	0.008	0.025	0.001	4.792	33.674	0.000	0.281	0.281

注:后面带 w 的均为缩尾后的指标。

表 8-3　非国有企业(所有权性质为 0)绩效描述性统计量表

	均值	缩尾均值	中值	标准差	方差	偏度	峰度	极小值	极大值	全距
Tobinq	3.056	1.731	1.479	30.433	926.170	21.314	468.436	−97.000	668.129	765.129
ROA	0.067	0.065	0.060	0.068	0.005	1.470	13.006	−0.252	0.614	0.866
ROE	0.096	0.105	0.095	0.207	0.043	−6.367	73.059	−2.482	0.845	3.326
Tobinqw	1.863	1.731	1.479	1.079	1.165	2.084	4.810	0.782	6.228	5.446
ROAw	0.066	0.065	0.060	0.057	0.003	0.221	2.232	−0.136	0.228	0.364
MFEE	0.089	0.080	0.065	0.071	0.005	2.533	11.519	0.003	0.676	0.673
Growth	0.213	0.157	0.139	0.726	0.528	12.672	206.862	−0.797	12.989	13.785
OREC	0.020	0.015	0.011	0.027	0.001	3.718	17.449	0.000	0.222	0.222

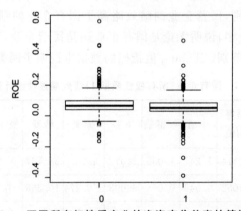

图 8-1　不同所有权性质企业的净资产收益率的箱线图

8.4.1.2　企业高管政治资本对企业绩效的影响

表 8-4　高管没有社会资本的企业绩效描述性统计表

	均值	缩尾均值	中值	标准差	偏度	峰度	极小值	极大值	全距
Tobinq	1.637	1.491	1.289	1.127	6.107	64.411	0.694	17.456	16.763
ROA	0.051	0.052	0.046	0.054	−1.037	9.656	−0.415	0.244	0.659

续表

	均值	缩尾均值	中值	标准差	偏度	峰度	极小值	极大值	全距
ROE	0.074	0.085	0.074	0.173	−7.067	89.071	−2.482	0.465	2.947
Tobinqw	1.610	1.491	1.289	0.889	2.639	8.896	0.782	6.228	5.446
ROAw	0.052	0.052	0.046	0.051	−0.067	2.333	−0.136	0.228	0.364
MFEE	0.073	0.067	0.057	0.058	2.025	5.336	0.004	0.394	0.390
Growth	0.150	0.134	0.120	0.300	3.087	25.941	−0.797	3.306	4.103
OREC	0.017	0.013	0.010	0.022	3.588	17.771	0.000	0.203	0.203

注:后面带 w 的均为缩尾后的指标。

表 8-5　高管有社会资本的企业绩效描述性统计表

	均值	缩尾均值	中值	标准差	偏度	峰度	极小值	极大值	全距
Tobinq	2.211	1.503	1.307	20.975	30.905	985.697	−97.000	668.129	765.129
ROA	0.059	0.058	0.051	0.066	0.969	11.821	−0.272	0.614	0.887
ROE	0.086	0.101	0.092	0.274	−15.307	344.513	−6.531	0.845	7.375
Tobinqw	1.640	1.503	1.307	0.967	2.621	8.008	0.782	6.228	5.446
ROAw	0.058	0.058	0.051	0.056	0.209	2.492	−0.136	0.228	0.364
MFEE	0.079	0.071	0.063	0.094	13.470	273.706	−0.027	2.211	2.238
Growth	0.192	0.142	0.123	0.586	12.424	237.214	−0.975	12.989	13.964
OREC	0.018	0.014	0.009	0.028	4.587	28.561	0.000	0.281	0.281

注:后面带 w 的均为缩尾后的指标。

　　表 8-4 和表 8-5 考察了企业高管政治资本对企业绩效的影响,对比两张表中的净资产收益率和 Tobinq 变量的均值、缩尾均值,我们可以看到,高管有社会资本的企业绩效(无论是资产净收益率还是 Tobinq 值)相比较于高管没有社会资本的企业要高,从某种程度上可以看出,企业高管是否具有社会资本对企业绩效有正影响,但是影响因素的大小需要进一步分析。

8.4.1.3 社会资本与企业绩效的对比分析

为了着重对比社会资本对在当年以及后续几年对企业绩效产生的影响,我们选择有发生过社会资本关联行为和事件的企业为研究组,选择没有发生过社会资本关联行为和事件的同类企业为对照组。对研究组和对照组进行统计分析和逻辑分析等综合对比分析,从而得到更加稳健全面的结论。

表 8-6 没有社会资本(对照组)的企业绩效描述性统计表

	均值	缩尾均值	中值	标准差	偏度	峰度	极小值	极大值	全距
Tobinq	1.508	1.467	1.276	3.532	−24.842	699.334	−97.000	17.456	114.456
ROA	0.050	0.051	0.046	0.064	−0.636	8.305	−0.415	0.340	0.755
ROE	0.068	0.086	0.077	0.287	−15.241	329.422	−6.531	0.845	7.375
Tobinqw	1.591	1.467	1.276	0.895	2.819	9.936	0.0782	6.228	5.446
ROAw	0.051	0.051	0.046	0.056	−0.057	2.597	−0.136	0.228	0.364
MFEE	0.077	0.069	0.061	0.071	5.715	55.745	−0.027	0.967	0.994
Growth	0.184	0.142	0.118	0.572	13.898	293.865	−0.703	12.989	13.692
OREC	0.019	0.015	0.010	0.026	3.487	17.227	0.000	0.254	0.254

注:后面带 w 的均为缩尾后的指标。

表 8-7 有社会资本(研究组)的企业绩效描述性统计表

	均值	缩尾均值	中值	标准差	偏度	峰度	极小值	极大值	全距
Tobinq	2.437	1.530	1.320	22.443	29.621	879.561	0.368	668.129	667.761
ROA	0.061	0.059	0.052	0.059	1.857	16.036	−0.272	0.614	0.887
ROE	0.094	0.102	0.089	0.174	−7.264	103.671	−2.706	0.840	3.546
Tobinqw	1.663	1.530	1.320	0.974	2.478	7.175	0.782	6.228	5.446
ROAw	0.060	0.059	0.052	0.051	0.417	2.175	−0.136	0.228	0.364
MFEE	0.076	0.068	0.061	0.090	15.662	362.121	0.008	2.211	2.203
Growth	0.165	0.137	0.125	0.394	7.532	98.016	−0.975	6.459	7.434
OREC	0.016	0.013	0.009	0.026	5.430	39.704	0.000	0.281	0.281

表 8-6 和表 8-7 考察了没有社会资本的企业和有社会资本的企业绩效,通过数据对比可以看到,有社会资本的企业绩效普遍较好。有社会资本的企业的净资产收益率的均值为 0.094,5%缩尾均值为 0.102,Tobinq 指标的均值为 2.437,缩尾均值为 1.530;没有社会资本的企业的净资产收益率的均值为 0.068,5%缩尾均值为 0.086,Tobinq 指标的均值为 1.508,缩尾均值为 1.467。但社会资本是否一定会给企业绩效带来正面影响,需要进一步分析。相关分析将在 8.4.2 节展开。

8.4.1.4 不同所有权性质企业的企业绩效均值的分布检验

表 8-8 是对国有企业和民营企业的企业绩效的均值进行 t 检验的检验表,可以看出两者的企业绩效的平均水平是否存在显著的差异。从 t 检验结果中可以看出,t 统计量的值为 0.2843,自由度为 466.755,相应的 P 值为 0.7763,大于 5%的显著性水平,因此不拒绝国有企业和民营企业的绩效平均水平存在显著差异的原假设。从而可以判断,国有企业和民营企业的企业绩效的平均水平不存在显著差异。

表 8-8 国有企业和民营企业平均绩效检验表

t 统计量	自由度	P 值	t 值 95%置信区间
0.2843	466.755	0.7763	(-0.02547017,0.03408768)

表 8-9 是对国有企业和民营企业的企业绩效方差进行 F 检验的检验表,以检验不同的所有权性质的企业中企业的绩效的波动程度是否有显著差异。F 统计量为 3.3699,自由度为 384,相应的 p 值为 2.20×10^{-16},小于 5%的显著性水平。从 F 检验的结果中可以看出,拒绝两者的企业绩效方差相同的检验。从 F 检验的 P 值可以看出,拒绝原假设,即认为两种不同所有权性质(国有和私营)的企业绩效方差水平存在显著差异。民营企业绩效的方差要大于国有企业,说明不同的民营企业其企业的绩效差别会较大。

表 8-9 国有企业和民营企业绩效方差检验表

F 统计量	自由度 1	自由度 2	P 值	F 值 95%置信区间
3.3699	384	1091	2.20×10^{-16}	(2.867694,3.986164)

8.4.2 *t* 检验与方差分析

8.4.2.1 *t* 检验

首先采用 *t* 检验判断对照组和研究组的企业绩效是否存在显著差异。从表 8-10 中可以看出,两组企业的 Tobin's Q 的 *t* 值为 1.230,*P* 值为 0.219,未通过显著性检验。结合均值的分析,可以判断,发生社会资本关联行为和事件组企业的 Tobin's Q 相较未发生社会资本关联行为和事件的企业高,但是这种差异在统计上不显著。

表 8-10 *t* 检验——Tobin's Q

组别	Social Capital	均值	*t* 值	1.230
对照组	0	1.508	自由度	883
研究组	1	2.137	*P* 值	0.219

使用企业资产收益率作为衡量指标,可以看到两组企业的 ROA 的 *t* 值为 5.791,*P* 值为 0.000,通过显著性检验。虽然对照组的 ROA 均值低于研究组,但是,两组差异并不大,可以判断这种差异具有显著性(表 8-11)。

Tobin's Q 的 *t* 检验差异在统计上不显著,而 ROA 的 *t* 检验差异在统计上显著,因此,综合考虑两者通过 *t* 检验的结果不同,这种差异还是需要进一步证实。

表 8-11 *t* 检验——ROA

组别	Social Capital	均值	*t* 值	5.791
对照组	0	0.050	自由度	883
研究组	1	0.061	*P* 值	0.000

8.4.2.2 方差分析——所有权性质的调节作用

由于 *t* 检验不能发现两组之间企业绩效的差异性,因此,本节使用两个因素的方差分析,考察企业的所有权性质能否调节社会资本对企业绩效的作用。首先使用 Tobin's Q 作为研究对象。从表 8-12、表 8-13 中可以看出,社会资本变量 Social Capital 依旧不能对研究变量产生显著的影响,而所有权性质 SOE 对 Tobin's Q 能够产生显著的影响。两者的交叉作用 Social Capital * SOE 可以考察所有权性质对社会资本的调节作用,从 P 值可以看出所有权性质可以显著调节社会资本对企业绩效的影响。

表 8-12　方差分析——Tobin' Q

	自由度	平方和	F 统计量	P 值
Social Capital	1	1.6	2.644	0.1041
SOE	1	52.9	89.006	$<2\times10^{-16}$ ***
Social Capital×SOE	1	1.9	4.367	0.03682 *
误差	1473	904.3	—	—

使用 ROA 作为研究对象可以得到类似的结论,社会资本变量 Social Capital 依旧不能对研究变量产生显著的影响,所有权性质 SOE 对 ROA 能够产生显著的影响。所有权性质可以显著调节社会资本对企业绩效的影响。

表 8-13　方差分析——ROA

	自由度	平方和	F 统计量	P 值
Social Capital	1	0.009	3.311	0.0692
SOE	1	0.07	26.99	0.00000023 ***
Social Capital×SOE	1	0.036	13.786	0.0002
误差	1473	3.819	—	—

8.4.3　回归分析

表 8-14 和表 8-15 分别报告了使用 Tobin's Q 和 ROA 作为被解释变量的回归结果。从表 8.4.13 中可以发现,Social Capital 之前的系数在 t 期至 $t+1$ 期中均显著为正;$t+2$ 期、$t+3$ 期均不显著,说明社会资本单个变量在当期和 $t+1$ 期不同程度显著对 Tobin's Q 带来正向提高企业绩效的影响,在之后的 $t+2$ 期、$t+3$ 期内对 Tobin's Q 带来的影响逐渐减弱。

考察所有权性质和社会资本的共同作用,可以得到所有权性质调节社会资本的作用机理。SOE 之前的系数显著为负,但从 SOE×Social Capital 之前的系数可以看出,系数在 t 期和 $t+1$ 期、$t+2$ 期、$t+3$ 期逐渐由小变大均不显著为负,且系数分别为 -0.227、-0.215、-0.181、-0.037 变化不大。这意味着有社会资本的国有企业在受到访问的当期和之后 1、2、3 期的 Tobin's Q 是逐渐正向递增的趋势,若非国有企业有社会资本,企业绩效不会受到显著的影响。

表 8-14　社会资本、所有权性质与企业绩效 Tobin's Q

变量	Tobin's Q(t)	Tobin's Q($t+1$)	Tobin's Q($t+2$)	Tobin's Q($t+3$)
Constant	6.976 ***	8.785 ***	9.716 ***	10.598 ***
	(9.16)	(10.05)	(10.04)	(9.74)
Social Capital	0.290 **	0.245 *	0.127	−0.053
	(2.00)	(1.64)	(0.80)	(−0.31)
SOE	−0.258 **	−0.265 **	−0.325 **	−0.444 ***
	(−2.05)	(−2.10)	(−2.48)	(−3.24)
SOE×Social Capital	−0.227	−0.215	−0.181	−0.037
	(−1.38)	(−1.24)	(−0.97)	(−0.18)
Size	−0.285 ***	−0.365 ***	−0.406 ***	−0.448 ***
	(−7.90)	(−8.86)	(−8.91)	(−8.74)
Growth	0.190 ***	0.133	0.004	0.079
	(2.69)	(1.56)	(0.05)	(0.99)
Invest	−0.184	−1.133	−0.886	−1.373
	(−0.24)	(−1.52)	(−1.11)	(−1.62)
Lev	−1.966 ***	−1.921 ***	−1.851 ***	−1.716 ***
	(−7.86)	(−7.18)	(−6.61)	(−5.60)
Political	Control	Control	Control	Control
N	1477	1333	1190	1050
P>chi2	<0.001	<0.001	<0.001	<0.001

注:括号内的 t 值已经进行公司个体的聚类调整(Cluster),*** 、** 、* 分别表示 1%、5%和 10%的显著性水平。

使用 ROA 代替 Tobin's Q 进行回归分析,得到的结果具有相似之处。如表 8-15 所示,Social Capital 之前的系数仅在以 t 期中不显著为正,$t+1$ 期、$t+2$ 期、$t+3$ 期不显著为负,说明社会资本单个变量对企业 ROA 带来的影响有限。

接着考察所有权性质和社会资本的共同作用。与利用 Tobin's Q 的情况类似，从 SOE×Social Capital 之前的系数在 t 期和 $t+1$ 期、$t+2$ 显著为负，$t+3$ 期则不显著。同样意味着，有社会资本的国有企业在受到访问的当期和之后的两期 ROA 会有所下降，而到第 4 期时这种下降压力逐渐消失；若非国有企业有社会资本，企业绩效不会受到显著的影响。

表 8-15　社会资本、所有权性质与企业绩效 ROA

变量	ROA (t)	ROA ($t+1$)	ROA ($t+2$)	ROA ($t+3$)
Constant	−0.084＊＊＊	−0.013	0.040	0.085＊＊＊
	(−3.61)	(−0.50)	(1.46)	(2.98)
Social Capital	0.001	−0.005	−0.006	−0.006
	(0.27)	(−0.80)	(−0.87)	(−0.87)
SOE	−0.007	−0.009＊	−0.011＊＊	−0.015＊＊＊
	(−1.61)	(−1.82)	(−1.94)	(−2.70)
SOE×Social Capital	−0.012＊＊	−0.011＊	−0.013＊	−0.010
	(−2.03)	(−1.74)	(−1.83)	(−1.27)
Size	0.009＊＊＊	0.006＊＊＊	0.003＊＊	0.001
	(7.30)	(4.34)	(2.26)	(0.73)
Growth	0.022＊＊＊	0.010＊＊＊	0.003	0.002
	(4.90)	(3.23)	(1.43)	(0.59)
Invest	0.052＊＊	0.000	−0.003	0.003
	(2.50)	(−0.02)	(−0.11)	(0.14)
Lev	−0.098＊＊＊	−0.076＊＊＊	−0.064＊＊＊	−0.059＊＊＊
	(−10.43)	(−7.37)	(−5.93)	(−5.43)
Political	Control	Control	Control	Control
N	1477	1333	1190	1050
P＞chi2	＜0.001	＜0.001	＜0.001	＜0.001

注：括号内的 t 值已经进行公司个体的聚类调整（Cluster），＊＊＊、＊＊、＊ 分别表示 1%、5% 和 10% 的显著性水平。

8.4.4 稳健性检验

(1)表 8-16 采用将原 Social Capital 和 SOE×Social Capital 替换为 frequency 和 SOE×frequency 的方式进行稳健性检验。

(2)表 8-17 采用将原 Social Capital 和 SOE×Social Capital 替换为 frequency 和 SOE×frequency 的方式进行稳健性检验。

表 8-16 社会资本、所有权性质与企业绩效 Tobin's Q(稳健性检验)

变量	Tobin's Q(t)	Tobin's Q($t+1$)	Tobin's Q($t+2$)	Tobin's Q($t+3$)
Constant	6.733 ***	8.641 ***	9.678 ***	10.550 ***
	(9.06)	(10.00)	(10.02)	(9.64)
frequency	−0.144	0.080	0.105	−0.081
	(−0.88)	(0.54)	(0.67)	(−0.48)
SOE	−0.434 ***	−0.385 ***	−0.385 ***	−0.443 ***
	(−4.98)	(−4.19)	(−3.86)	(−4.05)
SOE× frequency	0.124	−0.047	−0.147	−0.098
	(0.68)	(−0.27)	(−0.80)	(−0.47)
Size	−0.264 ***	−0.352 ***	−0.402 ***	−0.446 ***
	(−7.62)	(−8.75)	(−8.90)	(−8.69)
Growth	0.184 **	0.127	0.006	0.083
	(2.57)	(1.49)	(0.08)	(1.04)
Invest	−0.263	−1.177	−0.850	−1.306
	(−0.35)	(−1.60)	(−1.07)	(−1.56)
Lev	−2.014 ***	−1.942 ***	−1.848 ***	−1.715 ***
	(−8.01)	(−7.24)	(−6.64)	(−5.60)
Political	Control	Control	Control	Control
N	1477	1333	1190	1050
P>chi2	<0.001	<0.001	<0.001	<0.001

注:括号内的 t 值已经进行公司个体的聚类调整(Cluster),*** 、** 、* 分别表示 1%、5%和 10%的显著性水平。

表 8-17 社会资本、所有权性质与企业绩效 ROA(稳健性检验)

变量	ROA (t)	ROA ($t+1$)	ROA ($t+2$)	ROA ($t+3$)
Constant	−0.061 ***	0.021	0.074 ***	0.111 ***
	(−2.75)	(0.85)	(2.71)	(3.88)
frequency	0.006	0.003	0.006	−0.002
	(1.00)	(0.44)	(0.72)	(−0.23)
SOE	−0.013 ***	−0.014 ***	−0.014 ***	−0.019 ***
	(−4.28)	(−3.96)	(−3.57)	(−4.42)
SOE× frequency	−0.003	−0.004	−0.010	−0.002
	(−0.51)	(−0.48)	(−1.08)	(−0.20)
Size	0.008 ***	0.004 ***	0.001	0.000
	(6.97)	(3.06)	(0.90)	(−0.26)
Growth	0.023 ***	0.012 ***	0.005 *	0.003
	(4.98)	(3.36)	(1.83)	(0.85)
Invest	0.065 ***	0.021	0.023	0.025
	(3.16)	(0.96)	(0.94)	(1.01)
Lev	−0.098 ***	−0.076 ***	−0.063 ***	−0.059 ***
	(−10.62)	(−7.34)	(−5.90)	(−5.42)
Political	Control	Control	Control	Control
N	1477	1333	1190	1050
$P>chi2$	<0.001	<0.001	<0.001	<0.001

注:括号内的 t 值已经进行公司个体的聚类调整(Cluster),*** 、** 、* 分别表示 1%、5%和 10%的显著性水平。

通过表 8-16 和表 8-17 的稳健性检验得到:社会资本对所有权性质和企业绩效(Tobin's Q、ROA)的影响进行检验,发现结果未发生实质的变化。

8.5 本章小结

本章结合描述性、t 检验、F 检验和回归分析及稳健性检验等多种方法,发现了若干具有规律性的特征事实,并得出以下结论。

(1)研究组的企业的平均绩效高于对照组的绩效。说明有社会资本的企业绩效高于没有社会资本的企业。H4 被证实。

(2)如果国有企业有社会资本,则企业绩效会在短期内提高,但是在长期(两年以后)这种影响会逐渐消失。若非国有企业有社会资本,企业绩效不会受社会资本影响。H4a 被证实。

第9章 结 论

9.1 主要发现

本书研究通过搜集 2003—2012 年期间发生社会资本关联行为和事件的沪深股市上市公司数据,分行业和地区进行对比分析研究,选取适当的解释变量和被解释变量并构建有效模型,对此进行描述性统计,而且采用经典的两阶段处理效应模型进行实证分析,研究社会资本上市公司的行为和事件。研究结果表明,有社会资本关联行为和事件的企业获得政府补助和税收负担减轻,能提高企业的绩效;有社会资本关联行为和事件的企业产生过度投资,虽然未发现国有企业高管的盈余操纵,但是民营企业高管存在盈余操纵。

9.1.1 过度投资

研究结果发现大部分企业是没有过度投资的,但是社会资本会引起小部分企业的过度投资。在实证分析中,利用 Tobit 模型,利用被访问企业的 t 年、$t+1$ 年、$t+2$ 年、$t+3$ 年的数据进行回归,得到了以下结论:(1)从发生社会资本关联行为和事件次数来看,西部地区较东部地区多;(2)东西部地区企业过度投资水平相当,大部分企业没有过度投资,发生社会资本关联行为和事件的企业中东西部地区都存在过度投资水平;(3)社会资本会显著提高企业过度投资水平,且较于发生社会资本关联行为和事件当年,在发生社会资本关联行为和事件之后,过度投资水平呈增加趋势;(4)相较于非国有企业,社会资本对国有企业过度投资的影响较小。

通过相关模型构建社会资本和过度投资之间的关系分析,本书发现社会资本这一行为和事件不仅显著提高了当期的企业过度投资水平,并且对这之后至少三年的投资决策产生显著影响,这可能是决策的时效性导致的,社会资本引起企业过度投资首年最小,$t+1$ 年最大,之后相对减弱,企业的所有权性质随着年份的增加慢慢地减弱社会资本对企业过度投资的影响。随着年份的增加其系数慢慢地变大,说明高管的持股增强社会资本会对企业的过度投资产生影响,并且这种影响在发生社会资本关联行为和事件滞后逐渐增加。

9.1.2 盈余操纵

由于中国资本市场发展过程中,时间短,制度不够健全,中国上市公司的盈余操纵行为比较普遍,尽管中国会计准则正在实现国际趋同化,但还未与国际接轨,不适合时间序列模型,因此本书使用截面模型。调整之后,发现不同行业之间盈余操纵水平差异不同。盈余操纵水平最高的行业为批发和零售贸易,农、林、牧、渔业、综合类以及社会服务业的盈余操纵水平也处于高位;而盈余操纵水平最低的行业是食品饮料与电力、煤气及水的生产和供应业。考虑不同的年份企业盈余操纵水平的变化,在 2004 年和 2005 年的时候企业的平均盈余操纵水平较低,2004 和 2008 年的盈余操纵水平最高,2008 年以后逐渐下降,但是在 2012 年至 2013 年的平均盈余操纵水平有较大的上升幅度。

社会资本对盈余操纵存在着正方向的影响能力,发生社会资本关联行为和事件当年对企业的盈余操纵不显著,但在接下来的几年有逐年增强的趋势。相较于非国有企业,社会资本对国有企业盈余操纵的影响相对较小。

9.1.3 优惠政策

通过横向比较,分析了东西部地区的国有企业和非国有企业受到政府补助和税收优惠政策之间的差异。借鉴余明桂(2010)、吴文锋(2009)和吴联生(2009)等的研究方法,通过描述性统计分析、相关性分析、回归分析及稳健性检验,研究社会资本对企业得到政府补助和税收优惠政策的影响。

从政府补助的总额来看,有社会资本的企业的补助总额要远远大于没有社会资本的企业;从政府补助的相对额(即政府补助总额除以总资产规模)来看,没有社会资本的企业的政府补助相对额大于有社会资本的企业。从描述统计的结果可以初步得出以下结论:有社会资本的企业得到的政府补贴的绝对额大于没有社会资本的企业;但是和企业的规模比,有社会资本的企业并未比没有社会资本的企业得到更有利的政府补贴优惠。

另外,企业高管是否具有社会资本,对于企业受到的政府补助数额有影响。有政治资本的企业得到的政府补助远远高于没有政治资本的企业。从企业得到的补助的相对额度来看,高管有社会资本的企业也略高于没有社会资本的企业。

由此可见,社会资本可以为企业带来税收的优惠。

企业作为社会经济中的一个主体,它的任何行为都是为了谋求经济效益的最大化。企业积极寻求和建立与政府的社会关联是为了从政府获得利益,而大量事实与学术文献也表明这种社会关联确实可以为企业带来巨大福利。其原因可以从以下几点加以解释。

第一,考察可以表明领导层对某类行业或企业的重视与肯定,是企业后续发展的动力之一,能为企业发展规划及投资提供一定的方向。政府部门官员到企业进行调查研究,这样不仅为企业提供了全面检查和反映问题的机会,也是企业建立关系网的最佳时机。建立社会资本关联的企业往往会从政府得到一些政策支持或商业机会,例如更多的银行贷款、优惠税率、政府补助、政府项目及政府采购方面的好处等。有学者的研究也表明制度环境越弱,私人企业建立社会关联的意愿越强,社会关联越能为民企带来更多的银行贷款,社会关联是制度环境不完善条件下的一种替代机制。

第二,企业可以利用政府官员的形象作用和宣传作用来推动企业的发展。浏览一些企业的官方网站时,经常可以看到某位政府官员与公司高管人员的合影照片及相关资料,企业利用这些文字影像向社会大众传递着这样一个信息:本企业合法经营的形象和声誉获得了政府的认可和赞誉。这种无形的宣传将增加企业的品牌效应,增强企业的市场竞争力。在信息敏感的股票市场,这些行为会导致上市企业股价的波动。

9.1.4　企业绩效

本书研究发现:有社会资本的企业的平均绩效高于没有社会资本的绩效,这种效果主要是通过企业的所有权性质进行调节的,企业的所有权性质是社会资本影响企业绩效的媒介,若不考虑所有权性质,其影响不能被显著观察到。具体影响效果为:如果国有企业有社会资本,则企业绩效会在短期内提高,但是在长期(两年以后)这种影响会逐渐消失;若非国有企业发生社会资本关联行为和事件,则企业绩效不会显著地对这种发生社会资本关联行为和事件产生影响。

9.2　理论贡献

在以往的研究文献中,发生社会资本关联行为和事件与企业绩效、新闻媒体报道、企业品牌、特征有关。社会关联与银行贷款、财政补贴、减轻税收负担、行政许可等方面问题大都比较单一,从某一个层面反映社会关联在中国社会、政治、经济生活中的影响力。本书在研究问题上将国家宏观政策导向与企业微观经营活动相结合起来,研究有社会资本关联行为和事件的企业与过度投资、企业的盈余操纵、国家宏观财政税收政策的实施、企业价值等的正向和负向的重大影响。

企业高管的社会关联可以说是"一个事物的正反两个方面"。官员到企业考察、调研工作这一行为或事件对企业产生了两方面的经济影响,即正向和反向。正向方面发现,发生社会关联行为和事件的企业得到较多政府补贴和税负减轻。企业得到了政府资金的支持,给企业输送"新鲜血液",这对处于成长型的企业来说社会关联也是值得一试的。社会资本提高了企业的绩效,研究组的绩效高于对照组的绩效。反向方面发现,不同所有权性质企业存在过度投资的差别、高管存在社会关联的差别。

其一:能够引起企业的过度投资,这种效果性在短期明显,但在长期(两到三年后)会逐渐消失,大股东侵占公司资金和高管为了自身利益投资于效益较低的项目,从而损害企业和投资者的利益。其二:相较于非国有企业,社会资本对盈余操纵的影响在国有企业中较弱,发生社会资本关联行为和事件后,非国有控股的企业相比国有企业更可能会进行盈余操纵行为。本书用一章的篇幅论述社会关联中的盈余操纵问题。国有上市公司财产所有权属于国家,由国资委代表国家进行管理,高管人员由国家主管部门任命,从实证结果看国有企业不存在企业高管的盈余操纵,民营企业高管存在盈余操纵,这与中国的国情是相符的。因此,国家主管机关要加强对民营企业的政策导向和间接的宏观管理。

9.3 实践意义

本书在选择研究方向上,主要以全球普遍关注的热点问题为导向,结合中国转型时期市场经济制度逐渐地完善和健全的实际情况。书中提到中国是一个"关系社会",良好的人际关系是做事业的基础。"官商关系"是国内外普遍存在的问题,通过有社会资本关联行为和事件的企业这一行为或现象,透过现象看本质。客观、理性地把政府和企业的关系联系在一起,政府控制着国家的主要资源,对资源的优化组合、合理的分配和利用关系到企业的生存和发展。企业上缴国家的税收收入是国家国民经济发展的基础。政企关系的良性循环是一个国家政治、经济领域的大事,无论在国内还是国外都是同等重要的。如果想要在中国投资办企业,还是要了解中国的国情,正确处理好政企关系,实现彼此双方共赢的共同目标。

在中国的市场经济环境中,政府能不能很好地处理与市场和企业之间的关系,关系到经济体制的改革的成败与得失。为此,建立高效透明的政企关系,成为中国政府和企业都需要重视和尽快解决的重大研究课题,满足目前中国市场经济发展的需求。良好的政企关系的改革目标应该遵循企业的所有权与经营权相分离的原则,实现政企分开,政府尽量减少对企业的干预,保持各种类型和性质企业之间的协调发展。

目前,随着市场经济的不断完善和全球经济的发展,经济较发达国家和地区在政企关系的管理方式上,大都采用了企业以市场为导向,以自主经营、自求平衡、自我发展为主,政府宏观协调为辅的政企关系模式。在这种关系模式下,形成了以法人产权为主导,公有产权和私有产权并存的现代产权制度。在目前的市场环境下,绝大部分私营企业和外资企业,与政府之间的政企关系,开始向市场主导型发展。政企关系的不断变化和发展,形成了错综复杂形式,例如,私企大体接近市场主导型政企关系的网络情况。但是,由于政府部门受传统观念的影响,为企业服务的意识未形成,潜意识会试图对企业进行管辖,从而造成许多企业为获得政府的帮助和支持,获得最大经济效益,出现对政府官员进行贿赂的现象。总体而言,政府主导型的政企关系是中国经济中普遍存在的现象。许多政府官员的观念并未从根本上得到改变,他们认为政府和企业之间是管理者与被管理者的关系,而政府是为企业服务的观念和制度还亟待形成。

中国目前的资本市场要求以市场作为主导对资源进行配置,政府作为引导者,对资源配置起到调节的作用,同时进一步完善中国的市场经济体制,同时要求政府转变职能,提高工作效率,以适应市场经济发展的需求。在过去的几十年中,传统经济体制下产生中国政府的管理经济职能是存在弊端的。首先,政府的管理经济职能以及其他的职能高度集中,企业缺乏必要独立性。其次,政府的管理经济职能在一定程度上取代了市场的功能,尤其是计划经济时代,行政命令替代了市场对经济的调节作用。再次,过分强调了政府对市场的调控,试图用政府的经济职能,解决经济上宏观和微观两个方面的问题,有些地方甚至直接"侵入"到企业的经营管理中。

在正常的情况下,政府应该是社会活动的主体,企业才是市场经济活动的主体。在宏观经济层面,政府应该对经济运行和市场主体进行调控监督和管理。企业依法进行投资生产,进行经营和管理活动。政府和企业之间不应该存在行政上的依附关系,更不应该是上下级关系,企业不能作为政府的附属而存在,但是不能脱离国家政府的宏观政策指引导向。政府在制定政策时需要和企业的生产经营进行相互配合,互相调节适应,形成良好的互动关系。同时,政府部门执行国家的政策法规时应该按照统一规范的标准,对所有企业一视同仁,不能区别对待,为企业的发展和中国经济的发展提供良好的市场环境。中国政企关系的发展应该在政府的宏观调控下,以法规制度为依据,做到公平合理,在此基础上加强与企业的合作,这样才能得到政府和企业双赢的局面,才能使政府和企业共同和谐良好地发展。

从企业的角度看,如何构建新型的政商关系是一个重要课题。关系太近或太远都不行,民间有一种说法叫"若即若离"。本书研究四个方面的问题,有社会资本关联行为和事件的企业,正方向是有社会资本的企业享受到更多的政府补助和税收负担减轻的优惠政策,社会资本提高企业绩效;反方向是有社会资本关联行为和事件的企业产生过度投资。受国家宏观调控影响,关系到国计民生的特大、大型企业由国家国资委直接控制和管理,国有企业盈余操纵相当弱化,但是民营企业的高管仍然存在盈余操纵,这与中国的国情是相符的。这样就会向擅长进行社会关联的企业提供一个信号,即企业搞社会关联是一把双刃剑,正向和反向会产生对冲效应。这验证西方经济学的一个重大理念——利弊权衡无处不在。

总之,我国转型时期的市场经济,要做到正确构建新型的政商关系、政府和市场关系,"看不见的手"和"看得见的手"都要用好。政府依法行政,企业合法经营,双刃剑已变成政企之间彼此利弊权衡求取双赢。

9.4 研究不足

由于本人研究能力和受数据资源的制约,本书可能存在以下几个不足之处。

第一,社会资本可以为企业带来税收的优惠,但这种效应的大小以及是否具有持续性目前仍具有不确定性,还需进一步分析。

第二,本书对社会关联的度量在研究数据收集上主要是上市公司数据库中财务会计报表数据,虽然这些财务会计报表数据是经过会计师事务所注册会计师审计后,上市公司才面向广大的社会相关利益者公布,数据的真实性和合法性通过第三方鉴证,只能得到合理的基本保证。但是,相较于资本市场发达的西方国家,数据的可靠程度相对要弱化一些。缺乏直接面向社会调查收集的第一手数据进行实证研究。

第三,本书研究的社会资本关联行为和事件的政府官员与企业高管人员,在建立社会关联交往过程中构建的一种新型的社会关系,各种人员级别的影响力都是有差异的。在中国,官员的级别呈现典型的金字塔型,分中央和地方管理。中央国务院下设各部、委、办、局;地方分省(自治区、直辖市)、地(州、市)、县(市)、乡(镇)五级。企业的管理层次和级别都是如此。各个级别的社会资本关联关系产生效应权重是不一样的,为了数据的易得性和研究的可行性,将政府机关和企业的各个不同级别人员视为同一个级别进行研究。如今后有学者感兴趣的话,可以分为不同的级别,延续社会资本对上市公司的经济影响深入进行研究。

第四,本书研究以社会资本对上市公司为主要对象,上市公司主要是在沪、深上市的 A 股,不包括国内新三板、大陆企业在中国香港、美国纽约、纳斯达克等地的上市公司,非上市公司也被排除在外。

第五,本书尝试探讨社会资本上市公司的经济影响,当中隐含着社会关联。其中有一个因果关系——为何 A 企业有社会资本,B 企业没有社会资本。其原因可以从下面几个方面考虑:①企业的政治资本,是否国家重点项目、是否免检产品、是否知名商标等;②企业的经济和技术资本,是否高新技术企业、是否纳税大户、海外市场占有率等;③高管的社会资本、是否是人大代表、政协代表、曾经在政府部门工作经历等。在写作本书的后期重新收集了高管政治资本的数据,将高管的社会资本作为一个控制变量加入实证研究中,控制住企业高管政治资本,对实证研究中社会资本变量的影响。但是,企业的政治、经济、技术资本由于受主客观方面因素的制约,未收集到这些原始数据,还有像“海外市场占有率”与本书现有研究范围只限于国内沪、深上市的 A 股公司,在数据上无法相匹配,所以缺乏这方面的材料和实证论证,实属本书的不足之处。

参考文献

[1]罗党论,黄琼宇.民营企业的政治关系与企业价值[J].管理科学,2008(6):21—29.

[2]张川,潘飞,John Robinson.非财务指标与企业财务业绩相关吗——一项基于中国国有企业的实证研究[J].中国工业经济,2006,11:99—107.

[3]潘越,戴亦一,李财喜.政治联系与财务困境公司的政府补助——来自中国ST公司的经验证据[J].南开管理评论,2009(12):6—8.

[4]胡晓.政治联系对A股上市民营企业影响的实证研究[D].北京大学,2008:1—9.

[5]吴文峰,吴冲锋,刘晓薇.中国民营上市公司高管的政府背景与公司价值[J].经济研究,2008(7):130—139.

[6]杜兴强,曾泉,杜颖洁.关键高管的政治联系能否有助于民营上市公司打破行业壁垒[J].经济与管理研究,2011(1):89—100.

[7]邱艾超,李维安.民营企业治理转型、政治联系与公司绩效[J].管理科学,2010(4):2—14.

[8]邓建平,曾勇.政治关联能改善民营上市公司的经营绩效吗?[J].中国工业经济,2009(2):98—108.

[9]连军,刘星,连翠珍.民营企业政治联系的背后:扶持之手与掠夺之手——基于资本投资视角的经验研究[J].财经研究,2011(6):133—145.

[10]王庆文,吴世农.政治关系对公司业绩的影响——基于中国上市公司政治影响力指数的研究[J].中国第七届实证会计国际研讨会,2008:744—758.

[11]杜兴强,郭剑花,雷宇.政治联系方式与民营上市公司业绩:"政府干预"抑或"关系"?[J].金融研究,2009(11):153—169.

[12]潘红波,余明桂.政治关系、控股股东利益输送与民营企业绩效[J].南开管理评论,2010(4):14—27.

[13]潘洪波.政府干预、政治关联与地方国有企业并购[J].经济研究,2008,43(4):41—52.

[14]余明桂,潘红波.政治关系、制度环境与民营企业银行贷款[J].管

理世界,2008(8):15—27.

[15]陈运森,朱松.政治关系、环境制度与上市公司资本投资[J].财经研究,2009(12):27—39.

[16]杜兴强,陈韬慧,杜颖洁.政治联系、过度投资于公司价值[J].金融研究,2010(8):108.

[17]廖义刚,王艳艳.大股东控制、政治联系与审计独立性[J].经济评论,2008(5):89.

[18]杨天宇.斯蒂格利茨的政府干预理论评析[J].学术论坛,2000(2):24—25.

[19]李增泉,余谦和,王晓坤.制度环境与私营企业家政治联系意愿的实证研究[J].管理世界(月刊),2009(8):89—90.

[20]张维迎.产权.政府与信誉[M].北京:生活・读书・新知三联书店,2001.

[21]杜兴强.政治联系的度量及对公司业绩的影响综述[C].当代会计评论,2010,3(2):98—113.

[22]胡永平,张宗益.高管的政治关联与公司绩效:基于国有电力生产上市公司的经验研究[J].中国软科学,2009(6):128.

[23]杜兴强,曾泉,杜颖洁.政治联系.过度投资与公司价值——基于国有上市公司的经验证据[J].金融研究,2011(8):98—101.

[24]连军.政治联系对民营企业资本配置的影响研究[D].重庆大学(博士论文),2012:127—128.

[25]胡旭阳.民营企业家的政治身份与民营企业的融资便利性——以浙江省民营百强企业为例[J].管理世界(月刊),2006(5):107—114.

[26]卫武.中国环境下企业政治资源、政治策略和政治绩效及其关系研究[J].管理世界(月刊),2006(2):100.

[27]唐柯尧.中国民营上市公司政治关联对企业绩效影响的实证研究[J].经营管理者,2013(17):4.

[28]朱金凤.高管的政治联系对公司慈善捐赠的影响——来自沪市民营上市公司的实证检验[C].国际化与价值创造:管理会计及其在中国的应用——中国会计学会管理会计与应用专业委员会 2012 年度学术研讨会,2012.

[29]朱文静.CEO 政治联系对上市公司业绩影响的实证研究[D].大连理工大学,2009:39—40.

[30]余明桂,回雅甫,潘红波.政治联系、寻租与地方政府财政补贴有效性[J].经济研究,2010(3):66—68.

[31]杜兴强,雷宇,郭剑花.政治联系、政治联系方式与民营上市公司的会计稳健性[J].中国工业经济,2009(7):96.

[32]杜兴强,陈韫慧,杜颖洁.寻租、政治联系与"真实"业绩——基于民营上市公司的经验证据[J].金融研究,2010(10):135-156.

[33]李维安,邱艾超.民营企业治理转型、政治联系与公司业绩[J].管理科学,2010(8):12.

[34]连军,刘星,杨晋渝.政治联系、银行贷款与公司价值[J].南开管理评论,2011(5):55.

[35]郭剑花,杜兴强.政治联系、预算软约束与政府补贴的配置效率——基于中国民营上市公司的经验研究[J].金融研究,2011(2):127.

[36]李维安,邱艾超,古志辉.双重公司治理环境、政治联系偏好于公司绩效——基于中国民营上市公司治理转型的研究[J].中国工业经济,2010(6):94.

[37]杜兴强,周泽将.政治联系与审计师选择[J].审计研究,2010(2):47.

[38]杜兴强,郭剑花,雷宇.政治联系方式与民营企业捐赠:度量方法与经验证据[J].财贸研究,2010(1):89.

[39]唐建新,卢剑龙,余明桂.银行关系、政治联系与民营企业贷款——来自中国民营上市公司的经验证据[J].经济评论,2011(3):51.

[40]周泽将,杜颖洁,杜兴强.政治联系、最终控制人、制度环境与银行借款——基于国有上市公司 2004-2008 年经验数据[J].当代经济科学,2011(3):41-42.

[41]杜兴强,周泽将,修宗峰.政治联系与会计稳健性:基于中国民营上市公司的经验证据[J].经济管理,2009(7):120-121.

[42]章细贞.制度环境.政治联系与民营企业债务期限结构[J].财经论丛,2011(2):76-78.

[43]杜兴强,周泽将.政治联系方式与民营上市公司信息透明度——基于深交所信息披露考评的经验证据[J].中南财经政法大学学报,2010(1):126-127.

[44]杨其静,杨继东.政治联系.市场力量与工资差异[J].中国人民大学学报,2010(2):69-70.

[45]杜兴强,曾泉,杜颖洁.政治联系类型与大股东资金占用——基于民营上市公司的实证研究[J].经济与管理研究,2010(2):7-11.

[46]周玲玲.民营企业政治联系对企业绩效的影响——基于上市公司的实证研究[D].南京邮电大学,2013:39-41.

[47]杜兴强,曾泉,杜颖洁.政治联系对中国上市公司的R&D投资具有"挤出"效应吗?[J].投资研究,2012(5):98.

[48]连军.政治联系.市场化进程与权益资本成本——来自中国民营上市公司的经验证据[J].经济与管理研究,2012(2):32-33.

[49]何德旭,周中胜.民营企业的政治联系、劳动雇佣与公司价值[J].数量经济技术经济研究,2011(9):47-51.

[50]易迪菲.政治联系对民营上市公司业绩影响的研究[D].湘潭大学,2013:35-37.

[51]张晓霞.民营上市公司的政治联系、审计师选择与公司价值[D].南京财经大学,2011:38.

[52]谭劲松,陈艳艳,谭燕.地方上市公司数量、经济影响力与企业长期借款——来自中国A股市场的经验数据[J].中国会计评论,2010:50.

[53]于文超,何勤英.政治联系、企业非生产性支出与生产效率——来自中国民营上市公司的证据[J].投资研究,2012(8):82-83.

[54]杜颖洁,杜兴强.政治联系、涉案行为与审计意见——基于上海社保基金案的实证研究[J].管理学报,2011:193.

[55]杨宝臣,王立清,尹辉.政治联系、负债与公司治理作用[J].安徽师范大学学报(人文社会科学版),2010:411-412、416.

[56]郭剑花.公司治理与高管政治联系的"双刃剑"效应[J].财经科学,2013:92-93.

[57]卢闯,杜菲,佟岩.导入EVA考核中央企业的公平性及其改进[J].中国工业经济,2010(6):96-97.

[58]刘志杰.政治联系、企业发展与经济绩效[D].清华大学,2012:43-45.

[59]陈凌,陈华丽.家族企业主的政治联系.制度环境与慈善捐赠——基于全国私营企业调查的实证研究[J].华东经济管理,2014:1-3.

[60]段利民,杜跃平.政治联系对民营企业投资决策影响的研究[D].大连理工大学,2010:1-10.

[61]胡旭阳.政治联系、预算软约束与公司绩效——来自中国民营上市公司的经验证据[D].复旦大学,2011:50-51.

[62]田国强.政治联系和家族企业的发展研究——基于制度环境视角下的分析[D].浙江大学,2011:46.

[63]赵佑莹.政治联系与企业税负相关性分析[D].哈尔滨工业大学,2011:32-35.

[64]刘烨,蒋毅,方立兵.投行政治联系与民营IPO盈余质量为何正相

关——基于双边匹配的理论和证据[J].南大商学评论,2013(3):45—47.

[65]钟田丽.政治干预.政治联系与民营上市公司投资[J].电子科技大学学报(社科版),2011(1):22—23.

[66]赵娜,王福胜,唐秋玲.基于双重委托—代理模型中国上市公司政治联系方式的博弈分析[J].预测,2012(6):44—45.

[67]张新.民营企业家政治联系的影响因素研究[J].现代管理科学,2012(11):98—99.

[68]张欣哲.政治联系对企业价值影响的传导渠道分析[J].新会计,2012,4:19—20.

[69]刘惠龙,张敏,王亚平,吴联生.政治关联.薪酬激励与员工配置效率[J].经济研究,2010(9):117—119.

[70]贾明,张喆.高管的政治关联影响公司慈善行为吗?[J].管理世界(月刊),2010(4):110—111.

[71]雷光勇,李书锋,王秀娟.政治关联.审计师选择与公司价值[J].管理世界(月刊),2009(7):54.

[72]梁莱歆,冯延超.民营企业政治关联.雇员规模与薪酬成本[J].中国工业经济,2010(10):127—128.

[73]张敏,黄继承.政治关联、多元化与企业风险——来自中国证券市场的经验证据[J].管理世界(月刊),2009(7):156—157.

[74]游家兴,徐盼盼,陈淑敏.政治关联、职位壕沟与高管变更——来自中国财务困境上市公司的经验证据[J].金融研究,2010(4):128—130.

[75]张敏,张胜,申慧慧,王成方.政治关联与信贷资源配置效率——来自中国民营上市公司的经验证据[J].管理世界(月刊),2010(11):143.

[76]邓新明.中国民营企业政治关联、多元化战略与公司绩效[J].南开管理评论,2011(4):4—7.

[77]杨其静.企业成长:政治关联还是能力建设?[J].经济研究,2011(10):54—55.

[78]胡旭阳.民营企业的政治关联及其经济效应分析[J].经济理论与经济管理,2010(2):74—76.

[79]肖浩,夏新平.政府干预、政治关联与权益资本成本[J].管理学报,2010(6):921—925.

[80]潘红波.政府干预下的掠夺与政治关联研究[D].华中科技大学,2007:118—119.

[81]张功富.政府干预、政治关联与企业非效率投资——基于中国上市公司面板数据的实证研究[J].财经理论与实践(双月刊),2011:24.

[82]于蔚,汪森军,金祥荣.政治关联和融资约束:信息效应与资源效应[J].经济研究,2012(9):125-128.

[83]蔡地,万迪昉.民营企业家政治关联、政府干预与多元化经营[J].当代经济科学,2009:17.

[84]李善民,赵晶晶,刘英.行业机会、政治关联与多元化并购[J].中大管理研究,2009,4:14-15.

[85]梁莱歆,冯延超.政治关联与企业过度投资——来自中国民营上市公司的经验证据[J].经济管理,2010(12):56-57.

[86]田伟.考虑地方政府因素的企业决策模型——基于企业微观视角的中国宏观经济现象解读[J].管理世界,2007(5):16-23.

[87]罗党论.企业政治关系、领导人视察与企业绩效[D].中山大学,2010.

[88]田利辉、叶瑶.政治关联与企业绩效:促进还是抑制?——来自中国上市公司资本结构视角的分析[J].经济科学,2013(6):91-102.

[89]邹国庆,倪昌红.经济转型中的政治关系与企业绩效:基于我国上市公司的实证研究[J].管理现代化,2010(3):42、8.

[90]凯西·卡麦兹(Kathy Charmaz).建构扎根理论:质性研究实践指南[M].重庆:重庆大学出版社,2009.

[91]Lindenberg E B, Ross S A. Tobin's Q Ratio and Industrial Oraganization. Journal of Bussinessm[J]. Journal of Real Estate Finance & Economics,1981,53(1):1-32.

[92]Lang L H P, Stulz R M. Tobin's Q, Corporate Diversification and Firm Performance[J]. Journal of Plitical Economy,1994,102(4):1248-1280.

[93]Ittner C D, David D F, Larcker, Randall. Performance Implications of Strategic Performance Measurement in Financial Services Firm Accounting[J]. Organization and Society,2003,28:715-741.

[94]Banker R D, Potter G, Srinivasan D. An Empirical Investigation of An Incentive Plan that Includes Nonfinancial Performance Measures [J]. The Accounting Review,2000,75:65-92.

[95]Fan J P H, Wong T J, Zhang T. Politically-connected CEOs, Corporate Governance and Post-IPO Performance of China's Newly Partially Privatized Firms[J]. Journal of Financial Economics,2007,84(2):300-357.

[96]Mara Faccio, David C. Parsley. Sudden Deaths: Taking Stock of Geographic Ties[J]. Journal of Financial and Quantitative Analysis,2009,44(3):683-718.

[97]Roberts B. A Dead Senator Tells No Lies:Seniority and the Distribution of Federal Benefits[J]. Ameri-can Journal of Political Science, 1990,34:31—58.

[98]Fisman R. Estimating the Value of Political Connection[J]. American Economic Review,2001,91:1095—1102.

[99]S. Johnson, T. Mitton. Cronyism and Capital Controls:Evidence from Malaysia,Journal of Financial Economics,2003,67(2):351—382.

[100]Claessens,Stijn,Feijen,et al. Political Connections and Preferential Access to Finance:The Role of Campaign Contributions[J]. Journal of Financial Economics,2008,88(3):554—580.

[101]Bunkanwanicha, Wiwattanakantang. Big Business Owners in Politics[J]. Review of Financial Studies,2009,22(6):2133—2168.

[102]Goldman E,Rocholl J,So J. Do Politically Connected Boards Affect Firm Value? [R]. AFA Chicago MeetingsPaper. Available at SSRN: http://ssrn. com/abstract=891426,2007.

[103]Claessens E,E Feijen,L Laeven. Political Connections and Preferential Access to Finance: The Role of Campaign Contributions[J]. Journal of Financial Economics,2008,88(3):554—580.

[104]Shaffer L. The Effect of Family Control on Firm Value and Performance:Evidence,from Continental Europe, European Financial Management,2008,12:689—723.

[105]Mara Faeeio. Politieally Conneeted Firms[J]. The Ameriean Eeonomie Review,2006,369—386.

[106]Boubakri N,Cosset J C,Saffar W. Political Connection of Newly Privatized Firms [J]. Journal of Corporate Finance,2008,14(5):654—673.

[107]Fisman,Raymond. Estimating the Value of Political Connection [J]. American Economic Review,2001,91(4):1095—1102.

[108]Li H,Meng L,Wang Q,Zhou LA. Political Connections,Financing and Firm Performance:Evidence from Chinese Private Firms[J]. Journal of Development Economics,2008,87:283—299.

[109]Ajay Adhikari,Check Derashid,Hao Zhang. Public policy,Political Connections and Effective Tax Rates:Longitudinal Evidence from Malaysia[J]. Journal of Accounting and Public Policy,2006(25):577.

[110]Joseph P H Fan,Oliver Meng Rui,Mengxin Zhao. Public Governance and Corporate Finance:Evidence from Corruption Cases[J]. Jour-

nal of Comparative Economics,2008,36(3):343—364.

[111] Mara Faccio,David C. Parsley. Sudden Deaths:Taking Stock of Geographic Ties[J]. Journal of Financial and Quantitative Analysis,2009, 44(3):683—718.

[112]Roberts Brian A. A Dead Senator Tells No Lies:Seniority and the Distribution of Federal benefits[J]. American Journal of Political Science,1990,34(1):31—58.

[113]Faccio M. Politically Connected Firms:Can They Squeeze the State? [J]. American Economic Review,2006,96(1):369—386.

[114] Hellman J,Jones G,Kaufmann D. Seize the State,Seize the Day:State Capture and Influence in Transition Economies[J]. Journal of Comparative Economics,2003,31(4):751—773.

[115]Johnson S,Mitton T. Cronyism and Capital Controls:Evidence from Malaysia[J]. Journal of Financial Economics,2003,67(2):351—382.

[116]Dombrovsky V. Do Political Connections Matter Firm-level Evidence form Latvia[R]. Stockholm School of Economics in Riga and Baltic International Centre for Economic Policy Studies,2008.

[117] Dewenter K L,Malatesta P H. State-Owned and Privately Owned Firms: An Empirical Analysis of Profitability,Leverage,and Labor Intensity[J]. American Economic Review,2001,91(1):320—334.

[118]Chen D H,Fan J P H,Wong TJ. Politically-connected CEOs, Corporate Governance and Post-IPO Performance of China's Newly Partially Privatized Firms[R]. Hong Kong University of Science and Technology,2004.

[119]Bertrand M,Kramarz F,Schoar A,et al. Politicians,Firms and Political Business Cycle:Evidence from France[R]. University of Chicago,2006.

[120]Cheung Y L,Jing L H,Raghavendra R P,et al. Guanxi,Political Connections,and Expropriation:The Dark Side of State Ownership in Chinese Listed Companies[R]. City University of Hong Kong,2005.

[121]Fan J P H,Wong T J,Zhang T. Politically-connected CEOs, Corporate Governance and Post-IPO Performance of China's Newly Partially Privatized Firms[J]. Journal of Financial Economics,2007,84(2): 330—357.

[122]Hung M Y,Wong T J,Zhang T Y. Political Relations and Over-

seas Stock Exchange Listing: Evidence from Chinese State owned Enterprises[R]. University of Southern California,2008.

[123]Boubakri M,Cosset J C,Saffar W. Political Connections of Newly Privatized Firms[J]. Journal of Corporate Finance,2008,14(5):654—673.

[124]Charumilind C,Kali R. Wiwattanakantang Y. Connected Lending:Thailand Before the Financial Crisis[J]. Journal of Business,2006,79: 181—217.

[125]Fisman,Raymond. Estimating the Value of Political Connection [J]. American Economic Review,2001,91(4):1095—1102.

[126]Leff N H. Economic Development Through Bureaucratic Corruption[J]. American Behavioral Scientist,1964,82:337—341.

[127]Huntington S P. Political Order in Changing Societies[M]. New Haven:Yale University Press,1968.

[128]Lui F T. An Equilibrium Queuing Model of Bribery[J]. Journal of Political Economy,1985,93:760—81.

[129]Shleifer A,Vishny RW. Corruption[J]. Quarterly Journal of Economics,1993,108:599—617.

[130]Mauro P. Corruption and Growth[J]. Quarterly Journal of Economics,1995,110:681—712.

[131]Allen F. , Qian J. Corruption and Competition. Working Paper. University of Pennsylvania and Boston College, 2007.

[132]Allen F, Qian J, Qian M . Law, Finance, and Economic Growth in China[J]. Journal of Financial Economics, 2005, 77(1):57—116.

[133]Allen F,Chakrabarti R,De S,et al. Financing Firms in India [J]. Policy Research Working Paper,2006.

[134]Lindbeck A. Swedish Economic Policy[M]. London:MacMillan Press,1975

[135]Becker G,Stigler G. Law Enforcement,Malfeasance and the Compensation of Enforcers[J]. Journal of Legal Studies,1974,3:1—19.

[136]Tella R D,Weinschelbaum F. Choosing Agents and Monitoring Consumption:A Note on Wealth as A Corruption-Controlling Device[J]. NBER Working Papers. Harvard Business School,2007.

[137]Van Rijckeghem C,Weder B. Bureaucratic Corruption and the Rate of Temptation:Do Wages in the Civil Service Affect Corruption, and by How Much? [J]Journal of Development Economics,2001,65:307—31.

[138]Rauch J,Evans P. Bureaucratic Structure and Bureaucratic Performance in Less Developed Countries[J]. Journal of Public Economics, 2000,75:49−71.

[139]Treisman D. The Causes of Corruption:A Cross-National Study [J]. Journal of Public Economics,2000,76:399−457.